対人援助職の力量を高める11のスキル

著 荒木 篤
Araki Atsushi

中央法規

はじめに

　私は、地域包括支援センターの創設時から主任介護支援専門員として、また、センター長として、日々、対人援助実践のなかに在ります。この地域包括支援センターが創設された平成18年度は、介護保険制度改正に伴い、大きく変化のあった年度でした。

　一つは、介護予防の強化（要支援2の創設）、もう一つは、地域支援事業、地域包括支援センター、地域密着型サービスの3つの「地域」の創設がありました。

　介護予防の中核機関として地域包括支援センターが位置づけられ、介護保険事業所として要支援1・2の軽度者のケアマネジメントを一手に担うことになったことで、業務が量的に大きく膨らむ事態となりました。このため、限られた人員体制での業務遂行に大きな混乱を招くこととなり、現在に至るまで、その影響は強く残っています。

　一方で、地域包括支援センターは、市町村が行う地域支援事業にも位置づけられ、総合相談、要支援1・2以外の介護予防ケアマネジメント、虐待対応等の権利擁護、介護支援専門員の支援（包括的・継続的ケアマネジメント）等の業務を行い、介護保険事業所との二枚看板でスタートすることになった点でも、内外共に、理解を得るまでに時間を要することとなりました。

　また、要支援1・2以外の介護予防に関しても、基本チェックリストに基づき、特定高齢者として多くの高齢者が抽出され、その対応も求められるなど、介護予防業務に終始するセンターも多く散見される事態となりました。

　以上のように、地域包括支援センターは、多様で膨大な業務を、社会福祉士、保健師、主任介護支援専門員の3職種で切り盛りすることが求めら

れ、生まれながらにして、苦難に満ちた道を歩むこととなりました。

　介護保険制度の改正を繰り返すなかで、地域包括支援センターはますます多様で多忙な業務をこなす必要性が増し、それゆえに悩みを抱え、どうしたらよいのか、その方向性を模索されている方が多いのではないでしょうか。私も、日々、現場で実践を行っていますが、当該センターの機能や役割、すなわちやるべきこと、さらにはどのように行ったらよいかというノウハウ等は、紙媒体であれ研修プログラムであれ多くあるものの、肝心な私たちの心が前を向くような啓発的な働きかけが少ないことを痛感しています。この状況は、長年経った今でも大きな改善がなされているとは言い難いと思います。広くとらえれば、対人援助職全般についても同様のことが言えるかもしれません。

　地域包括ケアシステムの中核的存在と言われて久しい地域包括支援センターは、その創設の経緯から考えて、今後も形を変容させながら、「地域」をベースに、ほかの対人援助職との協働のなかで介護保険制度の中核を担う機関になっていく流れであろうと考えています。

　また、地域共生社会の実現に向けた基盤をつくってきた主体の一つとして、地域包括支援センターの存在が大きかったことも間違いありません。それゆえに、地域包括支援センターに集う専門職が、あるいは協働する対人援助職が強くあらんことを願ってやみません。もし仮に、多忙のなか、心が疲弊した状態にあると、それが相談に訪れる人、サービスの利用者、ほかの関係団体・機関の対人援助職など、かかわる周囲に大きく影響を与えてしまうことも忘れてはなりません。

　今、対人援助職に求められることは、机上の役割論を振りかざすことでも、目先のノウハウの取得に執着することでもなく、皆さん自身の、そして対人援助職の「価値」に気づくことではないかと思います。

　威厳を示すとか、威張るとかではなく、対人援助職として仕事をするこ

との「価値」、ほかに類を見ないほど気高い「価値」があることに気づいていただきたいと思います。

　本書は、創設されて間もない地域包括支援センターへの"応援書"として企画されました。その後、書き換えや加筆を行い、さらには技術面で広く対人援助職にも汎用できるものとして内容を再考し、今般、誕生しました。

　誕生の経緯からも、地域包括支援センターなどの対人援助職に向けた応援書の性格をもちます。実践のノウハウよりも、多くの皆さんの心が前を向けるような、マインドの部分を重視しています。本書の前半は、そこに傾注しています。

　後半は、私自身が対人援助職として試行錯誤した実践のなかに編み出した工夫のいくつかを紹介しています。これらは、地域包括支援センターの社会福祉士や保健師、主任介護支援専門員の各職種や、居宅介護支援事業所に所属する介護支援専門員といった対人援助職にも汎用できるものだと思います。いくつかの工夫を11のスキルに分けて、エピソードを交えて解説しています。

　本書においては、特に新人職員のマナーなどに関する記述は、部下だった大橋美里さんにコラムの執筆を快諾いただき、本当に助かりました。それは、多くの若い新人が社会に出て困らないように支えることも、私たち先を歩むものの大切な役割であると考えているからです。

　また、出版に至るまでの間、中央法規出版の佐藤亜由子さん、飯田研介さん、米澤昇さん、有賀剛さんに、温かいご支援と適切な編集をしていただきました。

　自分自身のなかにある、まだ形になっていないものを形に変えていく執

iii

筆と編集は、新しい自分を発見する過程でもありました。一方、今までの
自分を顧みる行為は、時に勇気も必要としました。そして、皆さんに届く
言葉の吟味は、難しくもあり、また楽しくもありました。

　おかげさまで、世に出すことができました。改めて感謝申し上げます。

目次

はじめに

序章　人を支援することの意味を振り返る

❶ この世で最も支援を必要としている人 ································ 2

❷ 本当は誰もが支えを必要としている ································ 3

❸ 人を支援することの価値 — ある人の人生の交差点に立つ存在 ·········· 4

❹ 新しい自分を創造する — 今の自分をどう見つめるか ··············· 5
　1 思い出すこと — 自分が対人援助の現場に向かおうと決めた原動力　2 見ようとする意識（気がつく力）を養う

❺ 自らの実践を評価してみる ·· 7
　1 実は、あなたはできている　2 自分の価値に気づくこと　3 リストアップは手書きで

❻ 自分の強み・弱みを整理する ···································· 9
　1 完全な人間なんていない　2 面接の場面 — 相談に訪れる人は、何を語るのか
　3 仕事をするうえでの自分の「強・弱」を仕分ける　4 わかったつもりでも、もう一度、自分がもつ技術（スキル）等の確認をする

　コラム❶ 挨拶やマナーは感謝の具現化 — 心の距離に架け橋を ················ 14

第❶章 対人援助職にとっての地域包括ケアシステム

❶ 地域包括ケアシステムが求められる背景 ······················ 16

❷ 「地域」を名に冠する地域包括支援センター ···················· 17
　1 「地域」を冠に誕生　2 支援する対象は、今もこれからも多領域化へ　3 多領域にまたがる課題への支援には、思考・思案・判断が試される場面も多い　4 地域包括支援センターの支援対象には、介護支援専門員等の専門職や地域の自主活動を行う団体等も含まれる

v

❸ 多様な業務、今、どこにいる? ⋯⋯⋯⋯⋯⋯⋯⋯⋯⋯⋯⋯⋯ 20

　 1 地図を使って自分の位置を確認する　 2 マトリクス―各ゾーンの内容と意味
　 3 地域ケア会議を足がかりに、すべての業務の「出口」を創る

❹ 対人援助職を支援する役割をもつ機関としてのストレングス ⋯⋯⋯⋯ 24

　 1 地域ケア会議は対人援助職の相互協力で　 2 複数の専門職が配置される強み
　 3 異なる専門職の視点が壁に　 4 3職種によるチームアプローチ

❺ 多くの機関・職種・地域の人材の特徴や強みを把握できる ⋯⋯⋯⋯ 27

　 連携で出口を創る

❻ ケアマネジメントは地域を変える力 ⋯⋯⋯⋯⋯⋯⋯⋯⋯⋯⋯⋯⋯ 29

　 地域版のケアプランを作成する

❼ 接着剤は、乾くと見えなくなる ⋯⋯⋯⋯⋯⋯⋯⋯⋯⋯⋯⋯⋯⋯ 30

　 目標達成のために

コラム❷ 身だしなみについて ⋯⋯⋯⋯⋯⋯⋯⋯⋯⋯⋯⋯⋯⋯⋯⋯⋯ 32

第❷章　地域包括支援センターなどの対人援助職として押さえておきたい基本姿勢

❶ 担う責任を考える・想像する ⋯⋯⋯⋯⋯⋯⋯⋯⋯⋯⋯⋯⋯⋯⋯ 34

　 1 責任を負うことは、期待を受けることの裏返し　 2 あえて自分に期待し、言葉で
　 伝える

❷ 風通しのよい職場をつくる ⋯⋯⋯⋯⋯⋯⋯⋯⋯⋯⋯⋯⋯⋯⋯⋯ 36

　 1 職場は、人生のなかで多くの時間を費やす場所　 2 対人援助業務はサッカー―
　 情報共有が勝利へ　 3 図や写真等でイメージのピントを合わせる　 4 人がチャンス
　 を運んでくる―感謝のセンサーをみがく

❸ 上司・行政職員とうまく付き合う ⋯⋯⋯⋯⋯⋯⋯⋯⋯⋯⋯⋯⋯ 40

　 1 自分たちの仕事を説明できるか　 2 外からの評価、評判が、上司を動かす追い風
　 になる

vi

❹ 多職種との連携 ·· 42

1 あなたの地域の「地域包括支援センターのイメージ」は？ 2 言葉によらないコミュニケーションに留意する 3 発している言葉が「今」や「未来」を創る

❺ 地域住民とよい関係を築く ···································· 43

1 よい関係づくりについて、もう一度その必要性を考えてみる 2 関係性を紡ぐこと―取り組みを地域全体に満たしていく一歩に

❻ 地域の社会資源を掘り下げてみる ·························· 45

1 まちの宝を探す 2 日常に溶け込んだ何気ない支え合いや思いやりの価値に気づく

❼ PDCA サイクルを回す―限られた予算の投下には根拠がいる ··········· 47

1 根拠（エビデンス）が求められる時代に―社会保険への転換 2 「なぜならば」を語れる人に

❽ ケアマネジメント力を高める ································ 49

1 プランは未来予想図 2 出口を創る

❾ アイデアは「愛」である―柔軟な発想で企画力を養う ················· 50

1 仕事に愛という本質を 2 難しく考えないで楽しむことが秘訣

❿ 強いチームをつくる ·· 51

1 何をもって「強い」？―柔軟性と継続性と連動性 2 続けられることは才能 3 流れ（フロー）をつくる―全体のなかでの自分を意識する 4 弱い自分―みんなのためにどう強くなれるか

コラム❸ 上座、下座などの一般常識について・訪問等、事業所の外で必要となるマナー ···· 55

第❸章 地域を支える対人援助職に求められるスキルとは

❶ 地域包括支援センターの業務は、対人援助職に必要なスキルの宝庫 ··· 58

1 実践の価値を実現させるスキル 2 そもそも必要とされる「スキル」とは？ 3 「見つける」は重要 4 最後は自分で歩けるような手伝い（自立の支援）を

vii

❷ 多様な業務を通して培われる対人援助スキル ································ 61

1 多様な業務の背景にある「意味」を見る力　2 出会いの数だけ力量が上がっていく　3 専門職が提供する「未来」を見逃さない　4 対象により異なる時間軸―その見立てと組み立てができるようになる

❸ 来る者を拒まない総合相談のスタンス ································ 65

1 改めて「地域包括支援」の名称から紐解く―総合相談の意味　2 相談の対象は拡大していく可能性もある

❹ 地域アセスメントの視点、地域のケアマネジャー支援 ················ 66

1 地域を見立てる（強みも含めて）　2 ケアマネジャーを含む人材のストレングスを見つめる　3 介護保険事業計画策定に伴う各種調査データも重要

❺ 大切なのは地域共生社会という視点 ································ 67

1 地域アセスメントから見えてくる「まちの風景」　2 生活は多様で、制度は縦割り　3 名もなき日常に彩りを添えるものは　4 地域包括支援センターの終着駅―地域共生社会実現への期待　5 共に生きる一時をたおやかに重ねることの意味

❻ どうすれば地域を支えられる優れた対人援助職になれるのか ········ 71

1 自問に答えが宿る　2 一粒の種には「美しく開花する自分のイメージ」が宿っている　3 地域を支える―あなたはどこまで「地域」を愛しているか　4 求めることが、極める道を開き、好機が訪れる

コラム❹ 事務所内で必要となるマナー ································ 76

第❹章 地域を支える対人援助職の力量を高めるスキル

❶ 明日の自分へ―スキルの向上を目指す意味 ························ 79

❷ 力は使う側の意識で、よくも悪くもなる ························ 79

❸ 総合力で向き合う ························ 80

❹ 状況に応じたスキル展開のための理解 ················· 81

面接力（利用者との最初の出会い）················· 82
`理解・姿勢`
① 面接場面は入口（インテーク） ② 出会い―あなたの存在が輝くとき ③ 相談者は何を求めている？ ④ 関係性を創り出すことが次のステージへ

アセスメント力（見立てる力）················· 84
`理解・姿勢`
① ニーズを見つけること ② アセスメントは「見立て」 ③ 利用者に宿る力を見抜く ④ アセスメント不足が、後々の支援を困難にする

プランニング力（手立てを考える）················· 86
`理解・姿勢`
① ニーズ解決の手立てがプランニング ② 利用者がたどり着きたい頂上（目標）の確認 ③ 頂上への道のりを支えるもの

ネットワーキング力（つながる力）················· 88
`理解・姿勢`
① ネットワーキングの意味 ② つながる・つなげる ③ 「創りたい」の瞬発力 ④ 「いつか必要となる」の未来創りをきっかけに

会議運営力（物事を決める・整える力）················· 90
`理解・姿勢`
① そもそも会議を行う意味があるのか ② 会議は情報共有型と問題解決型に分かれる ③ 会議運営力は司会進行力 ④ 司会は準備で決まる

合意形成力（一致を試みる）················· 93
`理解・姿勢`
① 合意形成とは一風を集めて帆を張り、舵を取る ② 個人戦から団体戦へ ③ 伝える力を豊かに ④ まずは隣の仲間と一致団結を

社会資源開発力（プランの実現に欠かせない必要な力）················· 95
`理解・姿勢`
① 再確認―社会資源とは ② 社会資源探しは、より柔軟な頭が必要 ③ 実は豊かに存在―人・もの・こと

ix

交渉力（相互理解から始まる）..................................97

理解・姿勢

① 交渉を紐解く　② 交渉をする側と受ける側　③ 相手のメリットを考える　④ 交渉の行方は関係性による

時間配分力（段取りをつける力）..................................99

理解・姿勢

① 時間配分力が求められる背景　② 時間を使うことは命を使うこと　③ 業務は時間軸が異なるものが多い　④「時間配分力」は「段取り力」

スーパービジョン力（対人援助職には欠かせない力）..................101

理解・姿勢

① 改めて、スーパービジョンとは？　② あなたがスーパーバイザーに　③ スーパービジョンの風景　④ あなたとスーパーバイジーの関係性が、スーパーバイジーと利用者の関係性に似てくる

コンサルテーション力（専門知識を伝達する）........................103

理解・姿勢

① 専門職として相談に乗る　② 幅広い情報収集ができる職業　③ さまざまなアイデアに出会えることに　④ 同職連携は、他職種連携よりも進んでいない

コラム⑤ ビジネスマナー本で学ぶ..................................106

第⑤章 個人としての支援スキルを向上させる

面接力（関係をつくる力）..108

姿勢・視点

① 面接は出会い　② こちらの心は伝わってしまう　③ 相互作用に留意―相談者と家族、相談者とあなた

工夫

① 呼吸が決め手　② 視点で異なる相談者のストーリー　③ フレーム（視点や考え方）を変える　④ 聴き取ろうとしない　⑤ 情報は、主観・客観・顕在・潜在の４つに切り分ける　⑥ 潜在的な情報を紐解く質問のタイミング　⑦ 客観的情報をどう受け止めているか（主観）を把握する　⑧ 感情は、解決に向けたエンジンになる　⑨ 自分の使う「言葉」を意識的に　⑩ バリエーションのある質問が扉を開く　⑪ 相談面接を味わい深いものにする　⑫「時が満ちる」ことを理解する　まとめ

アセスメント力（宿る力を見抜く力） ･･････････････････････････････････ 119

姿勢・視点
[1] 何をみる（見る・診る・看る・観る）　[2] アセスメントは鏡　[3] アセスメントでプランも異なる　[4] 本人のいるところから

工夫
[1]「もしかしたら」の仮説を考える　[2]「間違っていたらごめんなさい」で始めてみる　[3]「自分だったら」に置き換えてみる　[4] ニーズの優先順位を考える　[5] 利用者に宿る力を信じる　[6] 情報のレンガを集めても、「設計図」がないと家は建たない　[7] その人の「華の時代」を聴かせてもらう　[8]「理解したい」が架け橋となる　まとめ

プランニング力（目標設定と手立て） ･･････････････････････････････････ 129

姿勢・視点
[1] プランがつなぐ―あなたと利用者、今と未来　[2] どう描くか　[3] まずはニーズ　[4] 利用者の状況でアプローチも変わる　[5] 目標は利用者の希望

工夫
[1] 迷ったら、改めてケアプランの造り（構造）を意識する　[2] プラン作成のどこに迷いがあるかをチェックする　[3] 目標の立て方―長期は「いずれは」、短期は「まずは」で設定　[4]「誰と共に」「どのように登るのか」を一緒に考える　[5] 長期目標達成までの具体的な設定が短期目標　[6] 手段を目標にしない　[7] 映像が見える目標をつくる　[8] 短期目標は自分の動作を連想して設定　[9] 利用者の言葉で描く　[10] ケアの提供は個別援助計画と連動　[11] ケアプラン作成の合同研修会開催も有効　[12] 利用者・家族の未来予想図を描く　[13] 心身機能低下のなかで「維持」を目標にする意味　まとめ

コラム❻ 支援困難と思われる場合でも引き受けてみる ･････････････････････ 142

第❻章 チームとして機能する強い組織をつくる

ネットワーキング力（つながりづくり） ･･････････････････････････････････ 144

姿勢・視点
[1] 一人ひとりがつながる理由（わけ）　[2] ネットワークがなければプランは立たない　[3] 利用者にネットワークを貸す　[4] 勇気をもって、一人で始める　[5]「ネットワーク」「連携」「チームワーク」、それぞれどう違う？

xi

工夫
[1] 場面で考えるネットワークの作法　[2] 自分優先の連携になっていないかチェック
[3]「自分は何ができるか」を伝える　[4] 自分のもつネットワークの人材を大切にする　[5] 組織のネットワークを借りる　[6] ネットワークの達人は配慮の達人　まとめ

会議運営力（会議での合意形成） ……………………………………………… 154
姿勢・視点
[1] 会って協議する意味　[2] 求められるコミュニケーション力　[3] 会議って難しい？

工夫
[1] 司会進行は準備で決まる　[2] 会議は「誰を呼ぶか」で勝負する　[3] 情報共有型の司会進行　[4] 会議の参加者に協力してもらえる関係性　[5] 会議を楽しんでしまう　[6] ゴールに旗を立てる

会議の実際　サービス担当者会議
[1] 新人でもサービス担当者会議の司会に　[2] サービス担当者会議はプランを動かす
[3] 初回プランのサービス担当者会議（利用者の横に座る）　[4] 更新時のサービス担当者会議（発言を促す）

会議の実際　地域ケア会議
[1] ホワイトボード等で描く地域ケア会議　[2] 板書能力は議事録の作成で鍛える
[3] 司会は板書を見ながら質問を　[4] 会議の最初はアセスメントから

人が集まって話し合う場を豊かに
[1] 肩の力を抜いて参加者に委ねる　[2] 会議でつながった人材こそ大きな宝となる
まとめ

合意形成力（やっていることを認めさせる力） ……………………………… 167
姿勢・視点
[1] 意見をもって方向を合わせる　[2] 合意形成が意見を具現化させる　[3]「なぜ」を語れる人になる

工夫
[1]「なぜ」で風向きを合わせる　[2] 流れを創る―好循環を創る　[3] 周りの理解を得る　[4] 法律など、大きなものにアジャストを　[5] 現在の業務を法人理念などにリンクさせる　[6] 上司から「そこまでやらなくてよい」と言われたら―背景を考える
[7] あえて「やらなくてよい」の理由を聞く　[8] 例え話やキャッチフレーズで伝える力を積み上げる　[9] 地域であなたを応援してくれる人を増やす　まとめ

社会資源開発力（どこまで知っているか） ････････････････････････････････ 177

姿勢・視点

① 社会にある資源は多様　② 社会資源には形のないゆるやかなつながりも　③ 生活者・消費者・職業人としての利用者

工夫

① まずは地域のアセスメント―何が不足しているのか　② 介護・福祉以外の領域に、実は豊かに存在する人・もの・こと　③ 高齢者が多く集まる医療機関とつながる　④ 皆で社会資源のリスト化を　⑤ 診療所は生活情報にあふれている　⑥ 生活支援コーディネーターを探す・連携する　⑦ もしかしたら、公民館や生涯学習センターは宝の山　⑧ 今在るものに、福祉や介護や予防の視点をつけ加える　⑨ 利用者の内側へアプローチする　⑩ 利用者のもつ「友だちネットワーク」を借りる　⑪ かかわっている事例を公開する勇気をもつ　⑫ 地域を耕す―最後は、かかわる人々を笑顔に　まとめ

コラム❼ その人に宿る力を信じ、自分も信じる ････････････････････････････ 188

第❼章 地域の支援体制を整えて総合力を向上させる

交渉力（人を動かす働きかけ） ･･ 190

姿勢・視点

① 日常生活上に交渉はあふれている　② 交渉のメカニズム―関係性が左右する　③ 交渉結果の類型

工夫

① 損して得をえる　② プロを動かすプロになる　③ 相手に必要性を説く―あなたは誰かの代弁者　④ 交渉力を上げる要素を把握する　⑤ 相手の限界点や制限への配慮を忘れない　⑥ 交渉は喧嘩ではない。感情的になったら3秒間息を吐く　⑦ お互いの落としどころを見極める―相手は何を求めているか　まとめ

時間配分力（タイムマネジメント） ････････････････････････････････････ 199

姿勢・視点

① 時間の不思議―心の在りようで、早くも遅くも進む　② 相手のある仕事―自分本位に時間を配分できない苦しさ

工夫

① できれば楽しい時間を午後に。業務の組み立てを考える　② 締め切りが異なる業務を平面図化する　③ 手帳と対話する　④ 優先順位の基準を創る　⑤「時間を創

xiii

る」を意図的に　⑥時間配分を考える時間も必要　⑦時間を倍にする工夫―頼る
ことも大切　⑧相手に少し待ってもらう・相手の時間をもらう　⑨時間は意識（心）
に直結している　⑩自分を知って質の高い時間を創る　⑪心こそが時を感じる唯一
のもの　⑫改めて、時の流れに豊かさを感じる心を　まとめ

スーパービジョン力（気づきの促し） ……………………………………………………… 209

姿勢・視点

①対人援助職がもつ悩み―答えのない道を歩むこと　②スーパービジョンは支援
の映し鏡　③スーパービジョンの概要　④スーパービジョンの機能　⑤スーパー
ビジョンの形態

工夫

①まずはアセスメント力を高めること。困りごとはどこに　②スーパーバイジーを
通じた事例解析―映像で思い浮かべる　③問いかけに対しては、「気づいてほしい」
という願いを込める　④問いかけ１　担当ケアマネジャーが利用者をどう思ってい
るか　⑤問いかけ２　　「なぜ」とは聞かない　⑥自身の支援への直面化―どこに
困難性を感じているかを一緒に考える　⑦問いかけのバリエーション　⑧寄り添う
―見えるようにする・気がつくための手伝いをして背中を押す　まとめ

コンサルテーション力（専門知識の提供） …………………………………………… 222

姿勢・視点

①コンサルテーションとは　②スーパービジョンとコンサルテーションの違い
③あなたもコンサルタント

工夫

①ケアマネジメントという専門知識をコンサルテーション　②介護予防・権利擁護・
地域ケア会議は専門知識　③専門ケアの変化を促す自負をもつ　④主任介護支援専
門員と連携が有効　⑤コンサルテーションは自分だけで行う必要はない　⑥サービ
ス担当者会議をコンサルテーションの有効な場に　⑦地域ケア会議もコンサルテー
ションの有益な場　⑧専門職のニーズ把握がコンサルタントを引き立たせる　⑨研
修会も有効なコンサルテーションの場　⑩コンサルタントは何を目指すのか　ま
とめ

コラム❽ 心が折れない工夫 ………………………………………………………………… 233

終章　全方位型の対人援助職になるための心構え

❶ 能動的に学ぶ姿勢をもつ 236

1 学びが背中を押す　2 経験に基づく判断には限界がある　3 学びは自身の器を大きく、重たく、深くする　4 悩みが「学び」の原動力になる　5 全部吸収する―学びは歓び

❷ 相手の立場に立つことが考える基本 239

1 自分と他者との関係性は社会の縮図　2 関係性で動かす未来　3 考える基本　4 相手の立場に立って考えることの意味　5 当たり前の優しさを

❸ 居心地のよい職場づくりがもたらす好循環 242

1 自分という名のジグソーパズルのワンピースである「仕事」　2 他者にとっての自分の価値　3 あなた発の好循環は「感謝」から　4 地域のなかの「あなた」

❹ 頑張りすぎないことも大切 244

1 セルフケアの重要性　2 マラソンランナーは遠くを見る　3 自分を抱きしめる　4 今の自分で「よし」とする　5 「60点でOK」にセットアップ

❺ 意識してアウトプットを繰り返す 247

1 アウトプットが知識をみがく　2 自分発の情報発信で「ここにいる」を　3 想いを言葉に換える　4 発する言葉が強力に

❻ 何を行い、何を行わなかったかで真価が問われる 250

コラム❾ 専門職に回帰する 252

おわりに

xv

序章

人を支援することの意味を振り返る

人を支援することの意味を振り返る

　ここでは、対人援助職として、今、在る自分と向き合うことに焦点を当てています。

　人が人を支えることの意味を改めて振り返る取り組みは、自らの実践の中核を創り出すこととなります。

　対人援助職として自らを振り返り自己覚知を行うことは、あなたの実践に深みを与えていきます。

1　この世で最も支援を必要としている人

　「この世で最も支援を必要としている人」と聞いて、あなたは誰を思い浮かべるでしょうか。今、かかわっている利用者でしょうか。もしくは、自分の家族や友人、知人でしょうか。

　私は、数年前、業務がうまく回らず、職員が退職するなどの事案にも直面し、自分の非力さに打ちのめされ、自信を失っていました。体調不良にも陥り、体重も10kgほど減少するなど、今、振り返っても、とても悪い状況でした。

　そんなとき、私を支えてくれたのは、周りの職員や関係者、懇意にしていただいていた住民の皆さんからの励ましでした。また、退職した職員までもが、私のことを気遣ってくれました。

　そのとき、私は、自分は一人では何もできないし、自分こそが一番支え

が必要な存在なのだと理解しました。それまでに成しとげてきた業績は、自分一人の力ではなく、このような職場の仲間など、周りの支えがあって、初めて成立するものだったのだと痛感したのです。

　もしも、自分自身を「支援を必要としている人」、つまり自分自身を「対象」としてとらえることができたならば、他者に対するあなたの支援は、その視点をもとに、格段に高まると思います。

　対人援助職の場合、あの頃の私のように、大きな葛藤を抱えたり、とても心が傷ついてしまうことがあります。そんなときは、思いきって周りの誰かの助けを受け入れることも必要だと思います。

2　本当は誰もが支えを必要としている

　自分も支えてもらう側に立つことがあるということを自覚し、自身を見つめる必要があります。一度、強い部分も弱い部分もすべて受け入れてみることです。

　対人援助職の業務の中心は支援の提供にあります。人を支援することの始まりは、私たち自身も時に支えを必要とする対象になり得るということを自覚し、その在りようを顧みることだと思います。

　相談に訪れる人や利用者、同僚や上司、あるいは、地域で頑張っている対人援助職を、いつか自分を支えてくれる存在として見つめるならば、日々の景色は変わるかもしれません。

　あなたはいつしか、職場や地域で、かけがえのない存在になっていくでしょう。自分のことを慈しむことも、人を支えることもできることは、対人援助職としての力量を豊かにする明日を約束してくれるでしょう。

3 人を支援することの価値
——ある人の人生の交差点に立つ存在

　人が人を支える、人と人が支え合う。そんな出会いとのつながりづくりを手伝わせてもらえることは、困っている人の気持ちに寄り添い、支えてくれる人にそれを伝え、双方の想いを受け止めつつ、出会いを紡ぐことです。多忙な日々のなかで、地域包括支援センターなどの対人援助職の業務の中核は、このことに尽きるでしょう。

　人は、生まれて、生きて、最後のお別れをするまでの道のりで、多くの出会いと別れを繰り返します。その出会いには、偶然もあれば必然もあります。

　出会う、巡り合う、呼ばれる、現れる、訪れる、導かれるなど、いくつかの必然がそこにはあります。それが、あなたの仕事です。そして、その人の人生における最後のお別れの場面までお付き合いをさせていただける場合もあります。

　さまざまな人生の交差点に立って、共に考え、共に歩むこと。このように人を支援する・できる価値は計り知れません。

　もし、あなたが、今、心がつらく、前を向くことができずにいるのであれば、あるいは、多忙な日々に心が疲れてしまっているのであれば、どうか、この「人を支援できる」仕事の価値に気がついてほしいと思います。

4 新しい自分を創造する
── 今の自分をどう見つめるか

1 思い出すこと ── 自分が対人援助の現場に向かおうと決めた原動力

　対人援助職の業務は、人と人に介在し、調整や調和を生み出す必要性があり、ある意味ではクッションのような存在となります。クッションには、圧力を緩和させる効果があります。

　圧力を受けるクッションには、それなりの耐性が求められます。対人援助職には、この耐性、あるいはレジリエンス（精神的な回復力、適応力、抵抗力）が必要になります。

　そのためには、まずは自身のことを見つめてその価値に気づくこと、次に、地域包括支援センター、または対人援助職の仕事の価値に気づくことが大切です。

　私は、平成18年度の地域包括支援センター創設時からずっとこの業務に携わってきました。その間、多くの葛藤や苦しい状況もありましたが、いつもこれらの価値を「灯り」にして、ゆっくりではありますが歩みを続け、今日に至っています。

　もう一つ、私が支えにしてきたものは、福祉の道に進むと決めた、あの日の自分を抱きしめることでした。18歳の頃の私は、将来の道に悩み、迷っていました。そんなとき、地域の障害のある子どもたちの親が開いた講演会に、母親に連れられて、たまたま参加しました。そのときは、ただ話を聞くだけのつもりでいました。しかし、私の目の前に現れた車いすの女の子と目が合ったとき、言葉を交わすことはありませんでしたが、その女の子の真っ直ぐな眼差しと、その目の奥の輝きに触れ、その瞬間、私の心に「灯り」が灯りました。そして、自分が成すべきことがわかり、自分

の居場所はここだと思ったのが、今に至る始まりでした。

　私の例のように、人にはそれぞれの歴史があります。また、それに伴う心情もあります。時に、「始まり」を振り返ることも、改めて自分のことを理解するためには大切なことだと思います。

　過去の自分の解釈が変わると、今の自分も変わる可能性があります。変化は、新たな自分を創造できる可能性を含んでいます。

② 見ようとする意識（気がつく力）を養う

　今、あなたは周りをどのように見ていますか？　地域包括支援センターなどの対人援助職の業務は多様で多忙です。多忙な業務は、言ってみれば疾走する車のようなものです。疾走する車の窓から見える景色は、あっという間に後ろに流れて消えていってしまいます。

　しかし、実は、後ろに消えていってしまう景色のなかにも、人々の暮らしがあります。スピード感をもって業務にあたることは大切です。しかし私は、スピード感のある業務遂行のなかであっても、人々の暮らしや想いに「気がつく人」でありたいと常々考えています。

　きっと、「見ようとする意識」が働くかどうかで、心に刻むことができるかどうかも異なってくるに違いありません。対人援助の仕事やあなた自身の価値がからだの中心に据えられれば、軸がしっかりとしますので、ぶれることも少なくなります。そうなれば、あなたがスピードを上げて業務を遂行するなかでも、周りがスローモーションのように、あるいは、止まって見えるようになるかもしれません。変な表現ですが、つまり、気がつくこと、見えることが多くなる可能性があるのです。

　人の暮らしや人生に、介護という特別な場面で出会い、新しい物語を紡いでいくなかにあっては、気がつく、意識する、心にとどめることはとても重要です。

5 自らの実践を評価してみる

1 実は、あなたはできている

　タイトルの「評価」という言葉にアレルギーを示す人もいるかと思います。それは、「できない部分を指摘される」というイメージがあるからでしょう。しかし、「評価される」「評価してもらえた」という言葉もあるとおり、「できている部分」を見てもらえることもあります。ここでは、主にあなたの「できている部分」と向き合うことをお勧めし、その方法と効果をお伝えしたいと思います。

　まずは、もし、今、あなたが業務の大変さに疲弊しているのであれば、休息とともに、自身のできている部分をリストアップしてみるとよいと思います。

　できている部分は、些細なことでもよいと思います。以下、その例です。

1．○○さんの相談に応じることができた

2．△△さんのケアプランを作成できた

3．同僚の××さんの悩みを聴いてあげることができた

4．介護予防教室を終えることができた

5．新規の相談に対応でき、見通しを示すことができた

---

2 自分の価値に気づくこと

　いかがでしょうか。「こんなこと、当たり前のこと」とお感じでしょうか。

　多忙な業務をこなすことで精一杯になると、自分に厳しくなる傾向は誰にもあります。しかし、自身を「許す」ことも、時に必要です。

　さて、この5つのリストは、一つのことを物語っています。それは、あ

なたの働きかけによって助かっている人たちがいるということです。あなたは、そこに気づくべきです。実は、あなたはできているのです。これまでも、今も。

威張ってはいけませんし、慢心することも避けなければなりません。しかし、自己肯定感を低めることもよくありません。正しく、自身を見つめることが大切です。

きちんとプラスの面にも光を当てて見つめることができれば、心のもやもやも少し改善されると思います。できているリストは、いつもあなたを応援し続けます。

③ リストアップは手書きで

できているリストアップの効果をお伝えしましたが、できれば手書きでノートや付箋などに書き出してみてください。

頭の中にある「あなたのできていること」を自分の手で書き記すことで、より強く心に刻まれることとなります。スマートフォンやパソコンなどでの文字入力のほうが各段に速いですが、そのぶん、心に残りづらいものです。時間はかかるかもしれませんが、自分の手で書き記したリストの文字を自分の目で見ることの繰り返しは、想像以上に、勇気を与えてくれます。

私も、時間のあるときには、スケジュール帳に、今月成しとげた項目を手書きで、箇条書きにしています。先の5つのリストアップのように、日々行うべき業務でできたことを書きます。例えば、毎日元気に業務に携わったことも、一つの達成項目です。手帳に項目がたくさん書き上げられると、嬉しくなります。そして、また来月も頑張ろうというように、気持ちにスイッチが入ります。それは、しかめっ面から、笑顔に転じる瞬間です。

大変な毎日です。だからこそ、このように一日のなかで、ほんの数分で

も、自分を「褒める時間」をもつことが大切です。そうやって、笑顔を増やす取り組みを続けると、周りにも伝わり、和やかな空気が生み出されることでしょう。

6 自分の強み・弱みを整理する

1 完全な人間なんていない

私は、あまり考えずに勢いだけで物事を進めて痛い目にあったり、うっかりミスも多く、落ち込むことがあります。しっかりと業務を遂行する人をうらやましく思うこともあります。しかし、世の中には、完全な人間なんていないと思います。

どんな人も、苦手なことや得意なこと、双方があいまって個性が形づくられていると思います。時に、できない部分や苦手な部分が自分のなかで大きくなって、自己肯定感を低めてしまいがちです。相談に訪れる人々のなかには、この傾向にある人が少なからずいます。そして、対応する私たちは、その感情に引っ張られがちです。

自身の価値に気がつくことの重要性についてお伝えしました。まずは、私たち自身が、強い部分も弱い部分も両方を正しく見る目をもつことが大切です。人は、時にネガティブな感情に大きく反応し、巻き込まれてしまうことがあります。

相談の場面では、相談に訪れた人のネガティブな感情を受け止めつつも、プラス面も見ていく視点が求められます。さらに、「完全な人間なんていない」というスローガンを心にもっていると、目の前の相談者への対応が、より優しくなると思います。

2 面接の場面――相談に訪れる人は、何を語るのか

自身の困りごとについて語る、自身の苦悩について語る、自身のやるせ

ない気持ちについて語る。目の前の相談者は、自身の弱い部分をあなたの前で露呈しながら、自分には「支援が必要だ」と訴えます。これは、言葉によるコミュニケーションのみならず、言葉によらない態度や仕草、目線、言葉の抑揚などに色濃く表れ、面接に向き合う対人援助職に伝わります。この、意識する、しないにかかわらず、自らの弱い部分を他者に表現する姿勢から学ぶことは大きいものです。

また、見方を変えれば、人に弱い部分を話すことができる力は、強みでもあると思います。もしかすると、自身の弱い部分を認めることができているのかもしれません。もっと言えば、悩み抜いたその先に、自身と向き合う覚悟が生まれているのかもしれません。

そう考えると、あなたが自身を振り返り、弱い部分も強い部分も見つめて整理していくことの意義も見えてきます。

③ 仕事をするうえでの自分の「強・弱」を仕分ける

では、ここで、「強・弱」の仕分けを試みましょう。

人は弱くも、強くもなれます。相談に訪れる人々も、ある面では弱く、しかし、一方では強い部分ももち合わせています。

ケアマネジメントにおけるアセスメントでは、ストレングス、いわゆる利用者の「強み」に注目し、力をなくしている部分と併せての全人的な理解が奨励されています。

このように、人の強弱の両側面の把握からアセスメントを行うことを業務として行っている対人援助職は、自らもこのアセスメントの視点で把握をし、対応を講じる必要があります。

次の表は、地域包括支援センターを外部環境と内部環境に分け、さらに、そこにおける自身の強み、弱みを記入することで、自分や自分の所属する地域包括支援センターの状況を把握する目安になるものです。これは、SWOT分析と呼ばれ、主にビジネスの分野で活用されることが多い

強み・弱みのマトリクス（例）

	外部環境	内部環境
自分の強み	1. 地域に支援センターが一つしかなく、主任介護支援専門員は自分一人のみ（オンリー・ワン） 2. 今までの業務経験から、地域に顔見知りの人材が多い 3. 長くやっているぶん、行政担当者からある程度、信頼されている	1. センター職員として信頼されている 2. 長くやっているので、組織内で評価を得やすい 3. 3職種の連携がうまくいくようにコミュニケーションを図っている
自分の弱み	1. 地域に支援センターが一つしかない。相談する人材がいない 2. 業務が多忙で、時間配分がうまくいかない 3. 行政内に、現在の担当以外に知っている人材がいない	1. 経理的な視点が弱く、コスト意識が低い 2. 少々弱気になるため、包括業務に関する組織内の合意を得る努力が弱い

※外部環境＝地域包括支援センターを取り巻く周囲
　内部環境＝地域包括支援センター内部、行政組織及び受託の場合は法人内部

表です。いろいろと悩みは多いと思いますが、まずは、自分の強み、弱みの把握をする際に、活用することをお勧めします。

　このマトリクスの作成においては、仕分けに神経質になる必要はなく、直感的に仕分けていただいてかまいません。また、仕分けることに集中するよりも、多数の項目を出せるかどうかに集中してください。

　これは、自分の心の「もやもや」を「見える化」する方法の一つです。大切なのは、自分の強みを意識することです。謙遜（けんそん）する必要はありません。思いつくまま、リストアップしてみてください。どんな些細なことでも結構です。リストアップの過程で、自身も気づいていなかった「強み」を発見できるかもしれません。逆に、弱い部分ばかりを焦点化して、自尊感情を低下させてしまうのはよくありません。できる部分、できている部

分の強化を図ることが、弱い部分を引き上げる大きな力となることを忘れてはいけません。自信をもちましょう。

④ わかったつもりでも、もう一度、自分がもつ技術（スキル）等の確認をする

　何ができて、何が苦手かについて、「自分のことはよくわかっている」と思われている人も多いと思います。しかし、漠然と苦手と思っているよりも、必要な技術（スキル）についての整理が重要です。なぜならば、それをすることで、自らの強化すべき技術・知識の確認が可能となり、やるべきことが見えてくるからです。

　次の表を見ると、対人援助職の仕事には、さまざまな技術（スキル）が求められていることがわかります。これらは、トレーニング次第で強化することが可能です。身につける技術（スキル）の多さに腰が引けてしまうかもしれませんが、まずは「できない」と考えるのではなく、「どうしたらできるようになるか」と考える思考が重要です。

　仕事を進めるうえで一番重要なのは、「自分に足りない技術（スキル）を把握し、①どうしたら、②誰に依頼すれば苦手を克服できるかを知っていること」でしょう。

　特に②の「誰に依頼すれば苦手を克服できるか」について、ある特定の人の顔が思い浮かぶ人は、そこが解決の糸口となります。思い浮かばない人は、この人材探しが、窮地を克服する最初の一歩になるでしょう。

　いずれにしても、これらのマトリクスは、まずは自分の苦手な技術（スキル）を把握することに役立ててください。それがあって、初めて、次の「何をすべきか」「誰に、何を依頼すべきか」が明確になります。

自己評価のマトリクス（例）

技術・知識 ＼ 自己評価	強い	弱い
1．面接力（関係をつくる力）	○	
2．アセスメント力（宿る力を見抜く力）		○
3．プランニング力（目標設定と手立て）	○	
4．ネットワーキング力（つながりづくり）	○	
5．会議運営力（会議内での合意形成）		○
6．合意形成力（やっていることを認めさせる力）		○
7．社会資源開発力（どこまで知っているか）	○	
8．交渉力（人を動かす働きかけ）		○
9．時間配分力（タイムマネジメント）		○
10．スーパービジョン力（気づきの促し）	○	
11．コンサルテーション力（専門知識の提供）	○	

コラム ①

挨拶やマナーは感謝の具現化——心の距離に架け橋を

🍎 さわやかな挨拶で好印象を

　私たちの仕事は、利用者や家族に加えて、関係機関の専門職など多くの人とかかわる機会があります。特に高齢の人が対象となることが多く、目上の人を敬う気持ちを表現する方法として、挨拶やマナーは大切です。

　まず、さわやかな挨拶は好印象を与え、併せて、こちらの感謝の気持ちを伝えやすくなります。また、自分から挨拶をすることで、心の距離が近づき、架け橋をつくる最初の機会となります。挨拶については、この2つを意識すればよいでしょう。

🍎 社会人として身につけたいこと

　次に、マナーです。マナーと言っても、何を身につければよいのでしょうか？社会に出てから、何日もかけて社会人としてのマナーを教えてもらう機会は少ないと思います。地域包括支援センターの社会福祉士の場合、学校卒業後の最初の職場になる可能性もありますが、職場によっては新人研修をしっかりできる体制にない可能性もあります。その場合、必要なことを自ら習得しなければなりません。以下、必要と考えられるものです。

社内・社外共通で必要になってくるマナー

　対人援助職の前に、まずは一人の社会人として習得すべきマナーについて、その例をあげると、次のようなものがあります。

- ●挨拶　　　　　　　　　➡　**コラム1**で紹介
- ●身だしなみ　　　　　　➡　**コラム2**で紹介します
- ●上座、下座などの一般常識 ┐
- ●交通ルール　　　　　　 ┘➡　**コラム3**で紹介します

（その他）

　・敬語の正しい使い方　・電話応対の仕方　・手紙やメールの文章のつくり方
　・ワードやエクセルなど、パソコンソフトの使い方　・仕事の進め方　など
　早くに身に着けられるとよいですね。頑張りましょう！

第 1 章

対人援助職にとっての地域包括ケアシステム

対人援助職にとっての地域包括ケアシステム

　少子高齢化や核家族化の時代背景もあり、多くの対人援助職にとって、地域包括ケアシステムの理解が求められています。地域包括ケアシステムは、介護や医療からスタートし、いまや障害の領域でもその必要性が問われ始めています。さらには、包括的に相談支援ができる体制を進めるなかにあって、ひとり親家庭あるいは生活困窮者も対象とすべく整備が進んでいます。
　本章では、その中核機関である地域包括支援センターを中心に紹介します。

1 地域包括ケアシステムが求められる背景

　地域包括ケアシステムが言われて久しいですが、いよいよ目標であった2025年が間近に迫ってきました。少子高齢化の時代背景のもと、多領域への普及・活用も含め、当該システムに関して、対人援助職として理解が求められる状況になってきています。
　創設から今日までの間に、中核機関である地域包括支援センターは、その機能も、対象とする範囲も拡充し、業務は大幅に、広く、多くなってきています。
　今、地域包括支援センターで業務をしている人、今後、当該センターに配属される可能性のある人、地域で対人援助を行いながら、地域包括支援センターとの連携を必要とする人など、さまざまかと思います。
　ここでは、地域包括支援センターの現状を俯瞰しつつ、センターの成り

立ちから、運営の工夫、他機関との連携に関して紹介します。地域包括支援センター以外の対人援助職にとっても、自らの業務を地域的な視点でとらえる参考になると思います。

2 「地域」を名に冠する地域包括支援センター

① 「地域」を冠に誕生

今をさかのぼること18年前、介護保険が創設されて6年が経過した平成18年に地域包括支援センターは産声を上げ、以来、制度改正のたびに、その機能強化が求められてきました。それは、名称が「地域包括」だからかもしれません。「地域」を冠に生まれてきており、高齢者介護相談センターなどの名称ではありません。

この生まれながらの「地域を包含する」枠組みは、時代の移り変わりを合わせ鏡とし、地域全体の高齢者の課題と向き合うことが求められています。つまり、介護だけにとどまらないということです。多機能化の傾向はこれからも続いていくと考えられます。また、高齢者と同居している家族には、障害がある、就労が大変で生活が困窮している、あるいは育児など多くの課題を抱えている場合も多く、家族全体に支援が必要なケースも増えています。まさに、時代の必然的な要請なのでしょう。

② 支援する対象は、今もこれからも多領域化へ

地域包括支援センターは、その対象の多くは第1号被保険者となります。ソーシャルワークなどの対人援助においては、①個人、②個人を取り巻く環境の2つに働きかける視点をもっています。これは地域包括支援センター以外の障害、子育て、生活困窮などの対人援助職でも同様かと思います。そうであれば、おのずと同居の家族等への支援も対象の範囲に入ってきます。

図表1-1 対人援助職に求められる像

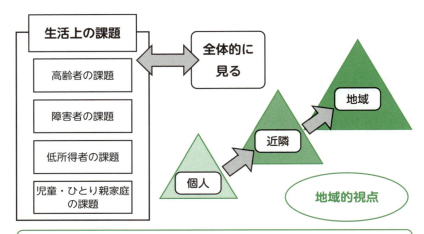

対人援助職には、家族全体を見立て、生活上の課題を把握し、地域的視点で支援を組み立てられる知識・技術が求められる

　例えば、80歳代の働けない親と、50歳代の働かない子どもが同居していて、親の年金だけでなんとか生計を立てている家庭や、育児と親の介護が重なっている家庭、障害がある子どもが親の介護をしなければならなくなっている家庭など、自分の業務の対象者だけを支援すれば解決するわけではないケースが増えています。それゆえに、家族全体へのトータル的な視点が重要になってくるのです。

③ 多領域にまたがる課題への支援には、思考・思案・判断が試される場面も多い

　家族全体の課題は多領域にまたがり、一見、複雑な様相を表します。ですから、相談の場面では、かかわる私たちも戸惑いや困惑が生じる可能性があります。支援を展開するにあたっては、何をどのように考えるかの「思考」と、どのような道筋を立てるかの「思案」、最終的に決定していく

「判断」が必要となります。家族全体に多く課題がある場合は、時に「支援困難な事例」と称されます。その点で、かかわる対人援助職は、思考、思案、判断が試されることとなります。

4 地域包括支援センターの支援対象には、介護支援専門員等の専門職や地域の自主活動を行う団体等も含まれる

いくつかの例で示した家族全体の課題、多領域にまたがる課題への支援に直面するのは地域包括支援センターだけでなく、職種のなかでは介護支援専門員が多く、それは事業所の数からも言えることです。地域包括支援センターの業務に介護支援専門員への支援も位置づけられているのはそのためでしょう。

このように、介護支援専門員や地域包括支援センターが入口として、多様な課題をもつ家族を発見して受け止めた後、解決に向けた「出口」を見つけていくためには、介護保険サービスのみでは完結しない場合が多くあります。障害、ひとり親家庭、生活困窮の各領域の専門職との連携は欠かせないものとなるでしょうし、例えば、地域で自主的な活動を行うボランティア団体等の力が必要になる可能性もあります。そうしたことから、これらの活動を行っている団体等への活動支援も重要な業務であることに気がつきます。

地域包括支援センターの業務の幅は広く、個別の相談支援にとどまらず、地域の専門職や自主的活動を行う住民団体等へのサポートも含まれ、地域包括支援センターの支援の対象に入ることになります。個別の相談から、地域の専門職や自主的活動をしている団体や個人への支援など、業務は多様です。

そこで、地域包括支援センターで業務をしている人に向けて、業務の整理をしてみました。

3 多様な業務、今、どこにいる?

1 地図を使って自分の位置を確認する

　地域包括支援センターの現状から全体的に見ていきます。多くの業務を抱えながら、即時的には目の前の相談に対応しなければならない状況は、全国の地域包括支援センターで同じ実情かと思います。実際に、1か月先の研修会や会議の準備を進めながら、新規の相談や、目の前の要支援者のサービスの調整や住宅改修の関係書類の作成等に追われる日々です。ともすると、今、自分が何をしているのか、それこそ迷路に迷い込んでいるような錯覚に陥りがちです。

　図表1-2 の概念図は、時間的な対応を「急ぐ」「急がない」、かかわる対象を「個人」「地域」の4つに分けて整理しています。

　この概念図は、いわば地図のようなものです。これを使って、多様な業務全体のなかで着手する順番を明確化させると、あなたの業務への意識が変わる可能性があります。このマトリクスを使って、地域包括支援センター以外の対人援助職、例えばケアマネジャーも、自らの業務を仕分けると、着手する順番が明確になると思います。

2 マトリクス――各ゾーンの内容と意味

　便宜上、4つのゾーンをA・B・C・Dと区分けしています。図表1-3 は、各ゾーンの内容です。

　地域包括支援センターの業務的な行き詰まりは、即時的に対応が求められる介護予防プラン作成等のAゾーンに対象が集中するあまり、人員が足りなくなる状況だと思います。

　このような状況では、Bゾーンの長期的な支援が必要な人への対応が難しくなるなど、総合相談機能が低下しかねません。ここで地域的な対応を

図表1-2 業務の地図（個人・地域、急ぐ・急がない）で整理

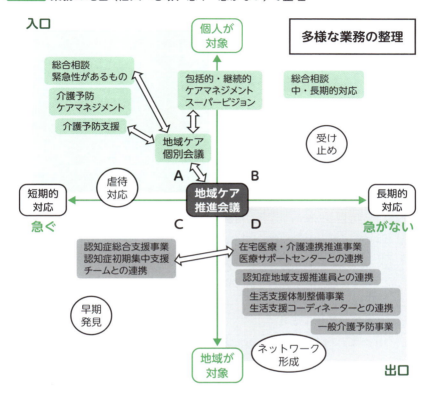

可能とする体制整備が必要となります。今後、総合相談機能は強化の方向にあり、行政による地域包括支援センター以外の多様な主体への部分的な委託が可能となっています。よりいっそう、地域全体で支援が必要な人々をキャッチできる連携が求められることとなるでしょう。

　ですから、地域的な対応が可能となる体制を講じる意味で、Ｄゾーンの生活支援体制整備事業等が豊かに展開できると、Ｂゾーンの人たちの出口が見つかるかもしれません。

　おそらく、地域包括支援センターだけで対応できるわけではないので、

図表1-3 マトリクスの各ゾーンの内容と意味

ゾーン	内　容　等
A	個別性が高く、即時的な対応が必要な、介護予防プラン作成による支援が必要な人への対応と給付管理を対象としています。
B	急がない対応でよいですが、対象が個人となる部分で、業務的には総合相談支援のなかで、じっくりかかわることを可能とする人といえます。
C	地域展開のなかで急がなければならない事案です。おそらく、想定されるのは早期発見のルートづくりでしょう。虐待、認知症、生活困窮、セルフネグレクト等をキャッチできる地域的な目の導入です。
D	地域全体の体制整備に関するものです。時間を要すものであり、急いで行うと後々ゆがみが生まれる可能性もあります。 地域によっては、直営型のセンターであれば、行政のほかの部署が行っているか、委託型のセンターであれば、直接的な運営等は依頼されず行政担当課等が担っている可能性もあります。

多様な主体を見つけて、つなげて、会議などを開きながら役割分担を決めるなど調整をかけるなかで、展開を考えていくことだと思います。したがって、各市町に配属される生活支援コーディネーターや認知症地域支援推進員との連携が決め手となるでしょう。

③ 地域ケア会議を足がかりに、すべての業務の「出口」を創る

　さて、ここまで読んで、勘がよい人はお気づきかと思います。それは、すべての業務の最終出口はDゾーンであるということです。このDゾーンをいかに早期に整備するかは、言い換えれば、地域包括支援センターなどの対人援助職の出口を創ることと言えます。このマトリクスは「地図」でもあります。そして、明日の地域包括支援センターの道筋を照らす「灯り」でもあります。

　Dゾーンは、時間はかかりますが、協働して整備を試みる価値がある

ことに気がつきます。私をはじめ、地域包括支援センターで日々奮闘し、頑張っている多くの職員、特に経験の長い職員は、ここに着手すべく行政への協力を申し出るか、あるいは、早期にほかの主体への委託等が可能になるよう働きかけを行うなど、何らかのアクションが重要かつ必要となってきます。

　このマトリクスの中心に「地域ケア推進会議」を据えました。なぜならば、個別であっても、地域の体制整備であっても、この地域ケア会議がコアになる可能性があるからです。制度改正によって法制化された段階で大きな期待が寄せられていますが、一方で、開催の具体的な方法に関する技術的な周知等はあまりなされていないと感じています。ここに、全国の地域包括支援センターの悩みがあることを、私自身、実感しています。実際、私も、地域ケア会議で抽出した地域課題を地域包括支援センター運営協議会（地域ケア推進会議と位置づけています）に提示はするものの、政策立案までの道のりは長いです。

　しかし、現場で対応しているケースの集積から地域全体の在りようを鑑みることは、昔から検討されてきたことです。地域ケア会議など、その名称にこだわるのではなく、このような仕組みが地域に存在するかどうかが重要でしょう。

　地域ケア会議は、介護支援専門員のかかわる事例を検討することから始まります。地域全体の課題解決に協力できるベストなルートであることを介護支援専門員等と共有し、みんなで創り上げていくことが重要です。

対人援助職を支援する役割をもつ機関としてのストレングス

1 地域ケア会議は対人援助職の相互協力で

　地域ケア会議は、言うまでもなく介護支援専門員等の対人援助職の支援が目的の一つです。一方、地域包括支援センターの職員も対人援助職ですので、双方ともに、この大変な業務を相互に協働して解決していく道筋ができたといえます。

　これは、地域包括支援センターとしての機関のもつ強みになるでしょう。それこそが、地域における財産となっていくことは間違いありません。ゆえに、お互いの協働のもと、地域ケア会議を組み立てていくことが、皆さんの未来を創ることとなります。

2 複数の専門職が配置される強み

　世に専門職と呼ばれる人材は多くいます。別の呼び方ではプロとも言われます。このプロとアマチュアとの違いはどこにあるのでしょう。

　技術や知識で報酬を得ていること、つまりは、その道を一定程度極め、報酬を得るだけの技術や知識があること、さらには、国などの公的機関が一定程度の力量等があると認めて資格（ライセンス）を与えている人材がプロです。

　さまざまなプロセスを経て、一定のライセンスを手にし、専門職として、プロとして、今、あなたは対人援助の業務をしています。これは、とてもすごいことです。

　地域包括支援センターには、原則、社会福祉士、保健師、主任介護支援専門員の資格をもった人材しか業務に就くことができません。居宅介護支援事業所であれば、介護支援専門員の資格が必要です。これも、国家資格

をもっていないと取得ができなくなりました。

　介護予防プラン作成のみを業務とするならば、介護支援専門員、介護予防事業等の経験のある看護師や高齢者の相談業務を 3 年以上行った経験のある社会福祉主事も可能ですが、介護予防プラン作成以上の業務はできません。地域包括支援センターの業務範囲は広く多様です。実際には、これらの多様な業務を広く把握し、運営を行ってこその専門職だと思います。ライセンスをもつ個々がそれぞれの強みを活かして、かつ、相互に連携できると、最強のセンターが構築できるでしょう。連携することの難しさと強さ、それぞれの専門職としての強みについて、ここで再度考えてみましょう。

③ 異なる専門職の視点が壁に

　専門化するプロセスで、それぞれ社会福祉士、保健師、主任介護支援専門員は、さまざまな技術や知識を習得してきています。職種間の文化も風土も異なり、視点も異なるなかで、時には相互に理解できない壁のようなものも形成されてしまうかもしれません。

　ここを越えられるかどうかに、地域包括支援センターの未来があります。

④ 3職種によるチームアプローチ

　3 職種のなかで唯一医療系に含まれる保健師は、看護をベースに、養成のプロセスのなかで、自らが行う業務に関して根拠（エビデンス）や見通しなどをもつことの重要性について、一定のトレーニングをしてきているでしょう。

　一方、社会福祉士は、養成の過程で、数値化できない価値や思いや感情等への接近に注視し、個人と環境の関係性、すなわち相互作用を重視しています。そこにエビデンスのような明確なものが見えない可能性もありま

図表1-4 3職種によるチームアプローチ

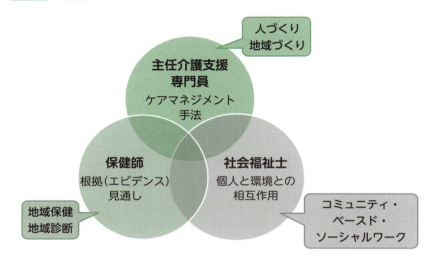

すが、それを重視します。

　また、主任介護支援専門員は、地域の社会資源と利用者を結びつけるケアマネジメントを手法として駆使します。そして、個人の暮らしを中心にとらえ、今の生活状況からよい方向への突破を最優先します。

　以上を皆さんがもつ資格と照らし合わせてみて、どうでしょうか。言い得ているか、ピントが外れているか、あくまで私の解釈ではあります。しかし、仮に、私の解釈があながち間違いではないとすると、3職種の強みを掛け合わせることで、相互に補完しつつ援助体系が完結することになります。

　保健師のもつ根拠と見通しをもって、社会福祉士のもつ訪れる相談者の環境との相互作用や関係性、思いへの寄り添いを行い、主任介護支援専門員がもつ現状を突破する視点で改善を図ることは、どれも必要かつ重要です。お互いの強みが組み合わさることで、相当によい援助が展開できると思います。現実は、そんなに簡単ではないかもしれませんが、このような

ビジョンが皆さんのなかにあると、相互に尊重し、連携する道が見えてくるように思います。

相互の連携に関する共通項や強みに関しては、もう一つあります。保健師には、従来、地域保健の実践の蓄積があり、おのずと地域全体を面でとらえ、地域診断を行う視点をもっています。社会福祉士には、近年、コミュニティ・ベースド・ソーシャルワークが重視されています。すなわち、地域を基盤としたソーシャルワークの展開です。また、主任介護支援専門員の役割は、地域の介護支援専門員への助言等による人づくりと、もう一つ、地域づくりです。いずれの専門職も、「地域」を介在させた支援、もしくは援助、さらには計画を作成して動かす（マネジメントする）ことが求められています。

地域包括支援センターに配置されるうえで、これ以上、適切な専門職はないといえます。お互いに連携しない手はありません。

5 多くの機関・職種・地域の人材の特徴や強みを把握できる

連携で出口を創る

地域包括支援センターは、業務の幅が広く、相談を解決するための「出口」の創設に注力するためにも、地域の専門機関等、多様で多種の機関等との連携が重要かつ必要となります。

ここでは、利用者支援の選択肢が多様となるように、連携する機関等の強みの把握が、あなたやあなたの地域における財産となります。つまり、これは地域包括支援センター以外の対人援助職にとっても財産になるということです。そのためにも、相互の協力が大切です。 図表1-5 は、主な連携機関の概要です。

図表1-5 連携する機関等

行政	1　介護保険担当課 　　まさに、地域包括支援センターの担当となります。あなたの実践を応援してもらえるよう、日頃からの関係性が重要です。きっと、予防・医療連携・認知症など、地域支援事業をどのように展開させたらよいか悩んでいると思いますので、協働を提案するとよい関係を築けるでしょう。 　　住民サービスを組み立てる要です。実施について決定が成されると進みは早いと思います。協力体制が必要です。 2　障害領域・生活保護領域・水道料金等の公共料金等 　　相談を解決させるべく、家族に障害がある人がいる場合、年金が少なく生活困窮している人、公共料金が支払えない人等への支援には、それぞれの担当課の協力が必要となります。
居宅介護支援事業所	地域包括ケアシステムや介護保険制度の要です。居宅・居住系・施設のそれぞれに配置されています。地域づくりも含めて大きな力が発揮される可能性が大きく、常日頃からの協力体制が重要です。
医療機関	利用者の健康に欠かせない機関です。心身機能に関する情報共有が重要です。在宅医療・介護連携推進事業の具現化にも欠かせません。
訪問看護	医療保険にも介護保険にも存在します。そのため、医療と介護の連携に関して、医師とのパイプ役としてとても重要です。
訪問介護 通所介護	総合事業も含めて、利用者が一番使用するサービス事業所です。特に居宅での生活を支援するうえで欠かせないものとなっている可能性が高いので、自らの地域にある多様な事業所の把握は、利用者支援の多様性を高めます。
リハビリテーション	医療保険と介護保険の2つに存在します。今後、役割分担は明確化される可能性があります。介護保険の場

	合、総合事業のなかの一般介護予防事業には地域リハビリテーション活動支援事業があり、地域全体でリハビリテーションを展開させていく方向性もあります。理学療法士、作業療法士、言語聴覚士との連携は、地域の介護予防を実施するうえでも重要です。
その他	1　成年後見制度の担い手（日本社会福祉士会、弁護士会、成年後見センター・リーガルサポート等）は、今後、連携が必要とされる機関の一つです。 2　生活困窮者自立支援法担当窓口は、生活困窮になる可能性のある世帯も対象です。8050 問題などは、この機関との連携が不可欠になることが予見できます。 3　基幹相談支援センターは、地域における障害の相談支援の中核的な役割をもちます。主任相談支援専門員や社会福祉士、精神保健福祉士などの専門職が配置されています。 4　子育て世代包括支援センターは、専門職である保健師などが、妊娠、出産、子育てに関するさまざまな相談に対応します。育児と介護のダブルワークの家庭では、連携が必要になります。

6　ケアマネジメントは地域を変える力

地域版のケアプランを作成する

　地域包括支援センターは、多様な業務を担い、制度改正によって新たな事業も拡充しています。新しい試みを行うとき、つまり拡充された認知症支援総合事業や医療介護連携推進事業、生活支援体制整備事業など、大きな事業を進める際には、見通しを立てることが重要です。これは、地域のさまざまな推進役の考えを集約する一方で、そこに住んでいる利用者、住民にとっての利益を考えたうえで、何を成しとげ、そのために、誰が、いつまでに、何を行うのかの役割分担を決めた進め方が問われてきます。

対象こそ「地域」になりますが、アセスメント（見立て）を行い、プランニング（手立てを考える）、インターベンション（働きかけ・実施）、モニタリング（見直し）の順番で進めていきます。これはケアマネジメントであり、地域版のケアプランを作成するのと同じイメージです。すなわち、「PDCA サイクルに乗せる」ということになります。これも、Plan（計画）→ Do（実行）→ Check（評価）→ Action（改善）の４段階を繰り返すことによって継続的に改善していきます。このプロセスも、ケアマネジメントに類似しています。

　そして、この循環は、介護予防プラン作成やケアプラン作成と同じです。プランは計画です。計画を作成し、実際に動かしながら目標達成させる手法は変わりません。

　地域包括支援センターは介護予防プラン作成において、居宅介護支援事業所の介護支援専門員はケアプラン作成において、ケアマネジメントプロセスを習得しています。これを地域に広げて応用することで、地域全体の状況を変えていける可能性があります。

7　接着剤は、乾くと見えなくなる

目標達成のために

　目標達成のためには、「誰が」「いつまでに」「何をするのか」の手立てが重要で、多様な専門機関や住民活動との連携が決定打となります。地域包括支援センターや居宅介護支援事業所などは、接着剤のような役割をもって、多様な主体をつなげていくことが求められています。残念ながら接着剤は、乾くと見えなくなってしまいます。悲しいですが、その存在も意識されない可能性を含んでいます。それでも、地域全体の課題解決に寄与できることに大きな意義があると思います。

　このようなあなたの目に見えない働きかけが、地域を変える一歩となり

ます。ですから、地域のケアマネジメントを進めるうえで、接着剤となって、多様な人々と協働しない手はないと私は考えています。

　一方、接着剤が弱まり、接着力が薄れてしまうと、私たちは相互に離れてしまいます。それゆえに、メンテナンスも重要です。また、結びつきやつながりの強化も必要でしょう。接着を強化する最もよい手段は、相互が重なり合う「のりしろ」を多くもつことです。ここでは「相互理解」のことを指します。つまり、地域版のケアプランを動かす過程では、対話の機会を数多くもつことが重要なのです。

コラム ❷

身だしなみについて

🍎 TPOに合わせて考えよう

　制服がある事業所もあれば、特に服装に決まりのない事務所もあるでしょう。いずれにせよ、身だしなみのキーワードは、「ＴＰＯ」（Time（時間）、Place（場所）、Occasion（場面））と「爽やかさ」だと思います。

　ある日は、上司に同行し、関係者や目上の人に挨拶をしたり、かしこまった会議に同席したりするかもしれません。そのような時は、襟のあるシャツを着るなど、フォーマルな服装が望ましいでしょう。

　またある日は、先輩に同行し、ゴミ屋敷状態となった家の片づけを一緒に行う可能性がある独居高齢者の家を訪問するかもしれません。そのような時は、髪の長い人であれば髪を一つにまとめ、汚れてもよい服を選ぶのが望ましいでしょう。

🍏 爽やかさを意識して

　このように、対人援助職の場合、多種多様な現場での業務執行が求められるため、その場その場に適した格好を意識するとよいでしょう。私たちは、仕事で人とかかわらない機会はありません。どのような場でも、どのような人とでも、良好な関係を築いていきたいものです。「爽やかさ」に悪い印象をもつ人はいないでしょう。特に、会う人、会う人が初対面という段階にある新人職員の皆さんは、身だしなみにおいても「爽やかさ」を意識して整えることが、良好な対人関係づくりへの近道であると思います。

第 2 章

地域包括支援センターなどの対人援助職として押さえておきたい基本姿勢

地域包括支援センターなどの対人援助職として押さえておきたい基本姿勢

　本章では、地域包括支援センターなどの対人援助職として、業務における基本的な姿勢や考え方などについて紹介します。この基本は、地域包括支援センターのみならず、居宅介護支援事業所の介護支援専門員や介護保険事業所の専門職の皆さんにも応用が利くと思います。心構えや職場の環境づくりなどに、ぜひご活用ください。

１　担う責任を考える・想像する

1　責任を負うことは、期待を受けることの裏返し

　誰もが好き好んで「責任」を負いたくはないでしょう。しかし、相談に訪れる人たちは、主に心身に何らかの障害がある人や、どこにも相談ができない悩める人など、何らかの支援を必要としている人たちです。したがって、皆さんの援助の方向性が、その人の暮らしの質に直結する業務ともいえます。ですから、責任を意識すべきでしょう。

　私が伝えたいことは、そこから発展した対人援助職としての業務の体系化にあります。皆さんの業務で使用する技術の１つに、ケアマネジメントがあります。この業務のなかで活用している「マネジメント」とは、１つ目に「人の力を活かす」、２つ目に「人に行動してもらう」、３つ目に「全体の運営に責任をもつ」ことと、私はとらえています。

ここでは、人の力を活かし、動いてもらう場合に、特に人が自ら行動を起こす要素について考えてみたいと思います。

　行動を起こす要素は、いくつかあるなかでも、私は、「責任」「使命」「期待」「自尊感情」の4つが大切だと常々感じています。

　おおよそ 図表2-1 の概念図のような関係性ととらえています。これは、相互に作用し、循環しているものと言えます。ただ「責任」を負うだけではプレッシャーとなりがちですから、この概念図を念頭に、どのように考えるかが重要です。

　まずは、自分の業務について「責任」を意識することが大切です。これによって、今後の方向性について、ある程度、明確化することができます。私たちの多くが、利用者に介護予防プランあるいはケアプランを作成していますが、それらの計画に目標があることで方向性が定まるのと同じことです。

2 あえて自分に期待し、言葉で伝える

　責任を負うことは、確かにプレッシャーがかかります。しかし、一方

図表2-1 行動を起こす要素

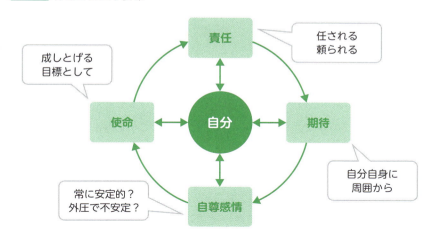

で、自分自身が当該業務を成しとげることを「自分に期待する」、または
その立場にあることで、上司や周囲からの期待を受けることとなります。

　そのことを自分自身に言葉で語りかけること、つまり、あなたが責任を
負うことに、一方で、寄せられる期待についても「あなた自身」に言葉で
伝えることが重要です。また、あなたが部下に対して業務の責任を担って
もらうならば、併せて「期待」についても言葉で伝えることが大切です。

　職場内で、自分自身が管理者の場合には、私もそうですが、上司から期
待を受けることが難しい環境にあると思います。しかし、この場合でも、
周囲から期待を受ける可能性はあります。例えば、利用者や事業者からの
「あなたのおかげです」とか「いつもお世話になっています」といった言
葉こそが、寄せられる期待の大きさを物語っています。責任は期待の裏返
しであるというように視点を変えて、自分の方向性を定め、時に自分に語
りかけ、自分に期待するように「思考の癖」をつける方法も有益だと思い
ます。

② 風通しのよい職場をつくる

① 職場は、人生のなかで多くの時間を費やす場所

　就労すること、もしくは、広く「労働」とも呼ぶでしょう。これらは、
報酬を得るためでもありますが、反面、自らの在り方や役割などを再認識
するものでもあります。場合によっては働くこと、就労の場にいることが
「生きがい」となっている人もいます。高齢の人に話を聞くと、「もう一度
働きたい」という願いを多く耳にします。このように職場は、あるいは就
労場所は、私たちにとって特別な場所であると言えます。

　今、あなたにとって職場は、どのような位置づけになっているでしょう
か？　ストレスを受ける場所でしょうか、気持ちがざわつく場所でしょう
か。一日のうちの多くの時間を費やす場所ですので、できればよい環境

で、気持ちよく仕事ができると嬉しいですね。職場の風通しがよければ、おそらくあなたのもっている力も倍増されることと思います。

では、どのようにすれば、人生における特別な場所である職場環境をよりよいものとしていけるのでしょうか。以下、私の経験から考えてみたいと思います。

② 対人援助業務はサッカー ―― 情報共有が勝利へ

工夫の1つは共有です。朝一番で簡単なスケジュールをみんなで伝達し合う、抱えているケースをみんなに簡単に説明しておく、さらには会議や事業等の予定をセンターもしくは法人全体のカレンダーに記載するといったことが共有に有効です。地域包括支援センターの場合、個別の相談支援のみならず、事業の展開など、業務の幅が大きいだけになおさらです。

工夫の2つ目は、図を用いた説明です。個別の訪問から地域全体をとらえた事業展開など、意識も技術も異なる次元を、同じ個人が場面によって切り替えることとなります。スポーツで例えれば、野球は自分の守る範囲も、打つ順番も決まっています。言わば、自分の役割が固定されていると言えます。一方、地域包括支援センターは業務に幅があるぶん、個々に課せられた役割は重層化しています。一日のうちでも、個別の相談支援もあれば、地域ケア会議での事例検討もあれば、事業展開のための会議を開催するなど、非常に多様です。スポーツで例えれば、場面展開に応じて、自分で考えて走るサッカーに似ています。

このイメージからすると、いかに共有が必要なのかを理解できると思います。図表2-2 は、以前、私がみんなで話し合った際の資料です。このときは、地域包括支援センターの業務をサッカーにたとえて、全体的な動き方について提案しました。

図表2-2 図による業務の理解

③ 図や写真等でイメージのピントを合わせる

　私は、図や写真等を使用して資料を作成し、一見して理解できるように工夫をしています。言葉ではイメージが個々に異なる可能性がありますので、図で私がもつイメージを適切に伝達できるようにしています。この資料をもとに、全体的な把握をみんながきるよう、スケジュール、気になる利用者や家族の状況、さらには事業の実施や進捗状況の把握等を共有できる仕組みをつくるようにしています。

　相互に忙しく、共有は難しい状況もありますが、工夫も大切です。業務全体をサッカーに例えるならば、情報共有は即時的かつ、スピーディーさが求められます。言わば、走りながら情報伝達をし、必要ならば自分がゴールを狙って先頭に立つようなイメージです。よって、情報は、自分の

なかでは整理できていなくても、未完成であっても、ある程度、周囲に伝達させていくことも重要であると考えています。

　情報は共有することで、より多角的な視野での分析が可能となります。まずは共有を図る工夫が必要でしょう。それが風通しをよくすることにつながります。

④ 人がチャンスを運んでくる —— 感謝のセンサーをみがく

　あなたの日々の苦労をわかる人は、わかっています。見ている人は、見ています。大切なことは、それらの周囲の眼差しを、あなた自身が受け止められる「センサー」をみがいているかどうかです。これらが受け止められると、周囲との好循環が生まれるようになります。それが風通しのよい環境への一歩につながると、私は信じています。

　すべてはあなた発なのです。発信するサインが周りを動かします。ネガティブなサインは周囲を暗くネガティブに、ポジティブなサインは周りを明るくポジティブに動かします。このように、あなた発のサインが、周囲のあなたに対するかかわり方を方向づけます。ですから、あなたの発するサインをポジティブに変えることが大切です。その原動力は、「周囲の眼差しに気がつく」ことでしょう。私は今まで周りから授かった「愛」や「感謝」を紙に書き出すことでセンサーをみがき、自らのサインを変える努力をしてきました。そうすると、不思議と困ったときに声をかけてくれたり、協力してくれたり、これはという人に出会ったりすることが起きました。これは、実は不思議なことではなく、私のサインが変化して、それに基づいて「人がチャンスを運んでくれた」結果なのだと思います。自身を変化させることは難しい面もありますが、自分が変わることで言動が変わり、周囲のかかわり方が変化します。私たちは、たった一人で生きているわけではありません。多くの人との関係のなかで、仕事も、暮らしも成立させています。それも、「自分が発するサインによって、私たちを取り

巻く世界は構成されている側面がある」と気がつくことに大きな価値があると思うのです。

　人がチャンスを運んできます。私の経験上、このメッセージは明確です。今までの幸運は、職場の目の前の人、少し離れた仕事関係の人、今は遠く離れた懐かしい人、育ててくれた親、教えてくれた恩師等のおかげかもしれないと考えてみてください。

　この気づきがあれば、周囲への感謝の気持ちが、それこそ泉のように湧き出してくると思います。この気持ちがあれば、今、あなたの目の前にいる人への感じ方も異なってくると思います。そこにこそ、好機が生まれるのです。

3　上司・行政職員とうまく付き合う

１　自分たちの仕事を説明できるか

　上司の理解がなく、業務について制限を強いられるような環境にある場合、それが地域の高齢者等にとって不利益になる可能性もあります。

　仕事をしている自分たちもつらいですが、支援を受ける側の高齢者等も、適切な支援や援助を受けられず困窮する可能性があります。地域包括支援センターの場合、行政機関として、あるいは受託をしていれば当該法人だけの範疇（はんちゅう）ではなく、地域全体の課題になりかねません。

　地域課題の１つに「地域包括支援センターが充分に機能していない」ことが掲げられるのは、双方ともにつらい現実です。しかし、これらの外圧が機関を動かす原動力になる場合もあり、時には意図的に追い風にしていく視点も必要かもしれません。それは、最終の手段として残しておき、まずは組織内のもっとも身近な上司への働きかけを行う努力が必要でしょう。そこで求められるのが、自分たちの仕事を、誰にでもわかりやすく説明できるかどうかの力量です。

機関として業務を遂行する際、求められる責務には、説明責任（アカウンタビリティ）があります。単に、上司に説明できるだけの範疇ではなく、常に広く、自らの業務について根拠をもって説明できる準備を行っておく必要があります。それこそがプロ、専門職といわれる大きな要素です。

「上司の理解がない」という言葉を時々、耳にします。時には、「そこまでやる必要はない」との指摘を受け、相談者と上司の板挟みになるようなこともあります。できればこのような事態は避けたいところです。相談者や上司との上手なコミュニケーションが求められます。

② 外からの評価、評判が、上司を動かす追い風になる

職場内、組織内の評価だけだと、地域包括支援センターの業務やその重要性が伝わらない可能性があります。周りからの「外圧」の活用など、できればよい評価を外部から入れてもらえるように意図的に働きかけることも、時として重要となります。

あまりにも上司が業務を理解しておらず、協力してもらえない環境であれば、外部、例えば行政の課長さんや、地域の民生委員連絡協議会等の会長さんなどから、地域包括支援センター機能の必要性や期待を上司に語ってもらえるとよい追い風になるでしょう。

仮にあなたの上司が、法人全体、行政全体を考えて、もしくは従業者の負担を考えて「そこまでやらなくてもよい」と業務にブレーキをかけているとしても、そのような外部評価が高まれば、皆さんへの視線も変わり、一目置かれるようになるかもしれません。そうなると、組織内で、皆さんの言葉に耳を傾ける傾向が高まり、地域包括支援センター業務を地域住民のために寡動（かどう）させることができる環境を整えることができるでしょう。

しかし、これには最初に取り上げた「説明能力」が必要となります。また、そのための「伝える力」が問われることになります。今からでもこの

力を十分にみがいて、業務が好循環する環境を整備することをお勧めします。

4 多職種との連携

① あなたの地域の「地域包括支援センターのイメージ」は？

なぜか介護支援専門員や介護保険事業所とのコミュニケーションがうまくいかない。こんな経験がある人であれば、まずは、皆さんの地域で、地域包括支援センターがどのようなイメージをもたれているのかの把握が必要でしょう。介護支援専門員などの専門職にとって、地域包括支援センターが抑圧的、専制的、あるいは自分たちよりも専門性が低いというようなイメージがあると、職員が普通に話をしても、当の専門職にネガティブに受け取られる可能性があります。相手もプロですので、こちら側にそれなりの力がないと、残念ながら、有効なコミュニケーションが図れない可能性が高いと思います。

しかし、地域包括支援センターといっても、一人ひとりの職員で構成されているわけですから、このようなイメージを与えてしまった原因の一つには、職員の対応にあることも振り返らなければならないでしょう。積もり積もった介護支援専門員等に対する態度から派生し、口コミ等で広がったイメージには気をつけなければなりません。

② 言葉によらないコミュニケーションに留意する

コミュニケーションには「言葉によるもの」と、話す速さ、抑揚、目線、距離などの「言葉によらないもの」の2種類があります。

コミュニケーションについては、言葉に留意していても、言葉によらない皆さん自身の話し方や目線などで構成される雰囲気などによって、知らず知らずのうちに、相手に不快な気持ちを与えてしまっているかもしれま

せん。

　例えば、言葉は丁寧でも、大きな声で荒々しく伝えれば、受け取る側は不快に思うでしょう。また、優しい問いかけをしても、表情が険しく厳しい目線であれば、やはり受け取る側は不快に思うでしょう。

　このように、コミュニケーションの要素としては、言葉によらない部分は相当に大きなものであり、言葉以上に留意する必要があります。

③ 発している言葉が「今」や「未来」を創る

　一方、言葉も大切です。なぜなら、対人援助職の支援の道具の一つは「言葉」だからです。今、私たちが使用している「言葉」こそが、未来を構成していきます。ネガティブな言葉、ポジティブな言葉、理路整然とした言葉、感情あふれる言葉、正論で問いただす厳しい言葉、相手を思いやる心を添えた言葉など、多様ではありますが、このうちのどの言葉を私たちは常に使用しているのか、その把握も大切です。多職種連携が言われて久しいですが、まずは私たち一人ひとりが自己覚知する（自らをよく知る）ことから始める必要があると思います。

5　地域住民とよい関係を築く

① よい関係づくりについて、もう一度その必要性を考えてみる

　多職種連携といった専門職との連携もありますが、地域住民や住民活動を行っている団体等との連携もあります。では、地域住民との関係づくり、その必要性はどこにあるのでしょう。

　高齢化の進行により、支援を要する高齢者は増加しています。地域包括支援センターの職員だけでの支援では限界に達していることは、多くの人々の共通認識です。いよいよ、地域住民による互助がなくてはならない時代が到来しています。支援には、見守りや、ちょっとした手助けで救わ

れるケースもあります。古くからの付き合いがあり、同じ地域で生活をしている人、つまり職員よりも支援を要する人のことをよく知っている住民による支援は、温かく、きめ細かいものかもしれません。この協力で得られる支援は、利用者にとって、とても幸せなものになる可能性が高いと思います。私自身、専門職の支援だけでは限界だと感じているケースで、地域の人々の協力を得られたことで、救われ、温かい気持ちになれた経験がいくつもあります。地域住民との日頃の関係があることで、これらの温かい支援など、よりいっそう協力を得られやすくなるでしょう。

② 関係性を紡ぐこと ── 取り組みを地域全体に満たしていく一歩に

　人口の高齢化、それに伴う介護問題を抱える今日において、健康寿命を延ばすことが要となります。国の施策として介護予防や認知症予防に力を入れることとなり、そのためのさまざまな事業に多額の予算が付けられ展開されているのですが、参加する住民が少ない場合や、本当に必要な人に行き届いていないなどの声を聞くことも少なくありません。

　住民とのよい関係を紡ぐことで、これらの事業はより住民に行き届き、地域全体を満たしていくことになるでしょう。住民との距離が近づくことで、地域生活の実情や声がよりすくい上げられやすくなり、より有効な事業プログラムの構築につながると思います。

　このように、住民との関係づくりは、彼ら自身を救うことにとどまらず、潜在的な力への働きかけがしやすくなり、住民と一体となった元気な地域づくりに発展する可能性も秘めています。

　つまり、住民の力を信じることから始めていくことが大事なのです。

6 地域の社会資源を掘り下げてみる

1 まちの宝を探す

「私のまちには、何もないんです」。こんな言葉を、地域包括支援センターや介護支援専門員の研修会等で聴くことがあります。確かにそうかもしれません。しかし、一方で、見ようとしていない可能性もあります。つまり、「何もない」と思い込んでいるだけかもしれません。もしかしたら、「単に見えていない」のかもしれません。

とかく「社会資源」というと、サロンや教室、制度など、形のあるものをイメージしがちです。しかし、それだけでしょうか？

ここで必要なのは「地元感覚」です。そこに住んでいること、つまり、家族みんなで、笑ったり、泣いたり、怒ったりしながら、お隣さんとの関係を抱えつつ、そこで暮らしていることです。家族は減ってしまって今は二人暮らしや一人暮らしになっていたとしても、思い出はその家の、そこここに刻まれています。その家の歴史は、日常の生活に溶け込んで、そこに住む家族を静かに見つめ、支えています。

このように、そこに住む人々の息づかい、日々に溶け込んだ行為のなかに、お互いをつなぎ、支える何かがあるはずなのです。これは、私たちが見ようとしなければ、決して見えないものです。

それは例えば、地域の神社が心のよりどころになっている可能性などです。私のまちのある地域では、決まった時間にその神社の近所の皆さんが自然に集って、ベンチに座って楽しく世間話をしている風景が見られます。これは、立派な「サロン」です。

また、家族が減って二人暮らしや一人暮らしはお互い様だから寂しくならないようにと、近所同士で誰かの家に集まって、お茶と漬け物で語らっています。これは立派な「見守りシステム」です。

犬好きのご近所さんが一緒に散歩に連れ添うなかで、近所の皆さんと談笑して歩いている光景なども、下手な運動教室よりも楽しくウォーキングして、定期巡回の見守り体制が構築されているといえます。このような行為や活動は、「まちの宝」といえます。

2 日常に溶け込んだ何気ない支え合いや思いやりの価値に気づく

日常に溶け込んだ何気ない支え合いや思いやりは、目には見えない愛情を反映しています。それは、私たちが「地域」と名づけ、かかわろうとしている場所と人々のなかにあふれています。何もないのではなく、もしかしたら、気がつかないだけなのかもしれません。

地域の再生が言われて久しいですが、決め手は、ここまで述べた、私たちが気がついていなかったり見ようとしていなかった「まちの宝」への思慕です。利用者の思い出やまちへの愛着などを言葉にして紡ぐことが、それぞれの行動につながると思います。

住民とのかかわりのなかで、このような「まちの宝」を見出し、継続できるような支援を講じることが求められています。これは、住民自身が自然に行っている活動の意味や価値を伝えることと、場合によっては、広く広報してその価値を地域全体で共有できるように働きかけていくことだと考えています。

たぶん、当人たちは当たり前に行っている行為で、その価値に気がついていない可能性があります。今、行っている行為が、まちの活性化や相互の支え合いに有効であることを共有できると、いっそう頑張ろうとすると思います。また、それを知ったほかの住民から「自分たちもやってみよう」とか「自分たちはもうやっている」といった声が聞こえてきたら大成功です。まちに元気の好循環を生み出すこともできるでしょう。これらが活性化したら、「自分のまちには、何もないんです」といった発言は出て

図表2-3 利用者の思い出やまちへの愛着などを言葉で紡いで行動に変える

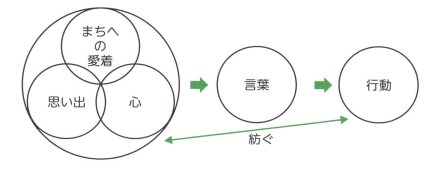

こなくなるはずです。眠っている「まちの宝」を見つけに行きませんか。きっと楽しく、あなたの心に希望の灯りが灯ることでしょう。現に、私もそうでした。以前は業務上、住民の前で、地域包括ケアシステムを語る機会も多くありましたが、どこか言葉が上滑りする感じが否めませんでした。この「まちの宝」について知ってから、一人ひとりの暮らしの集まりが地域やまちを構成しているという視点に立ち、これらにいつしか支えられ、まちの皆さんと活動を共にし、楽しく歩み始めています。

職員が一人でできることには限界があります。まちの、地域の、多くの皆さんの協力が必要です。そのためには、私たち自身が視点を変える必要があるのです。

7 PDCAサイクルを回す ——限られた予算の投下には根拠がいる

1 根拠（エビデンス）が求められる時代に——社会保険への転換

計画的な実施が、今、とても求められています。なぜならば、限られた

予算を投下して一定の効果を得るための根拠（エビデンス）が必要になるからです。計画的な実施は、① Plan（計画）・② Do（実行）・③ Check（評価）・④ Action（改善）のサイクルを回すこととなります。これはPDCA サイクルと言われる方法です。

限られた予算の投下は、皆さんから集めたお金の投下でもあります。介護保険は社会保険です。従来の福祉施策から社会保険に転換されている部分も多くあります。同じく社会保険の医療現場でも求められている根拠は、今後、いっそう介護の領域でも求められてくると思います。平たく言えば、私たちは「なぜならば」を語れる人になる必要があるのです。

一般介護予防事業や在宅医療介護連携推進事業、認知症総合支援事業、生活支援体制整備事業などを行ううえで、この PDCA サイクル、「なぜならば」の視点はとても重要です。

② 「なぜならば」を語れる人に

予算投下の根拠、つまり、「なぜならば」の重要性について話してきました。あとは、私たち自身が、関係者や地域住民にこの根拠を語れるかどうかです。

地域的な課題については、根拠をもって熟知していても、外に向かって表明しなければ広がりませんし、始まりません。情報収集だけでは「ものごと」は進まず、情報発信を行うことで、また、情報が集まることも事実です。このことから、地域包括支援センターは、もっている有効な情報を発信するためのさまざまなツールやネットワークをもつ必要性にも気づかされます。

熱い感情で物事を語ることも重要ですが、専門職として根拠に基づいた支援展開や事業展開を図ることが求められています。ゆえに、私たちは、問題意識をもって物事を見つめ、個別の支援や地域全体の事業展開についての必要性を見出し、その根拠を表明できる力量を高める必要があるので

す。

8 ケアマネジメント力を高める

① プランは未来予想図

さて、PDCA サイクルについてお伝えしましたが、これは、ケアマネジメントにも共通しています。

ケアマネジメントにおける介護予防プランやケアプランなどは、利用者個々の未来予想図です。保険給付をオーダーメイドで、利用者の状況や生活像に合わせてプラン作成するものであり、これは、実はとてもすごいことです。

保険給付で金銭をもらい、自分で計画的に使用する方法もあります。ドイツの介護保険はこの側面が強いのですが、日本では介護支援専門員や地域包括支援センターの専門職が、利用者と相談のうえ、それぞれに合わせてサービスなどをコーディネートし、未来を創っていきます。

② 出口を創る

ケアマネジメントは、アセスメントによるニーズの抽出と、解決に向けた社会資源とのコーディネートとなります。PDCA サイクルもケアマネジメントも計画作成という点で共通です。計画には目標が伴います。

また、目標実現のための手立て（社会資源等）が重要であることにも気がつきます。対象が個人でも地域でも、入口のアセスメントをしっかり行うものの、肝心の計画作成で解決を図る出口がなければ、苦しい状況となりかねません。つまりは、住民とのよい関係を創ることや、社会資源を掘り下げることなどを丁寧に行うことが、PDCA サイクルでもケアマネジメントでも有効な出口を創ることにつながります。

第2章 地域包括支援センターなどの対人援助職として押さえておきたい基本姿勢

図表2-4 ケアマネジメントプロセス

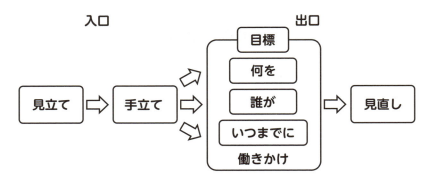

9 アイデアは「愛」である
── 柔軟な発想で企画力を養う

1 仕事に愛という本質を

　出口を創ることが重要であることがわかると、今度は、さまざまな事業の企画を練ることになります。そこで欲しいのは、「アイデア」です。

　出口は「誰のために」「何のために」創るのか。そう考えたとき、地域包括支援センターの仕事は、地域の誰かにとって、望む暮らしの実現に寄与できるものであることに気がつきます。つまり、地域包括支援センターにとって出口のための事業企画、そのアイデアは、仕事に愛という本質を据えることといえます。ただ、アイデアが降りてくる、湧き上がる、思いつくということは、意外と簡単ではありません。

　以下は、私のアイデア出しのコツです。

② 難しく考えないで楽しむことが秘訣

- ・既存のものの掛け合わせや福祉的要素をふりかけることで生まれる。
- ・考えたら少し寝かす。熟成・発酵で美味しくなる。
- ・何はともあれ、楽しんでみる。楽しい気分が発想を柔らかくする。
- ・書くこと・書き出すことで、「自分と対話」すると降りてくる。
- ・誰かと話をすると、気がつくことがある。

　相互作用も大切で、自分や誰かと話すことは有効です。アイデアが煮詰まったら、地域包括支援センターのなかで軽く話し合いをしてみることです。その際、出てきた意見や発想・アイデアについては否定せず、出たものに乗っかる感じで話を進めていくとよい方向に進むことがあります。この柔軟性がとても大切になります。

　以上、簡単ですが、柔らかい頭で物事を考えるコツです。あまり難しく考えずに、少々楽しむことがポイントです。

10 強いチームをつくる

① 何をもって「強い」？── 柔軟性と継続性と連動性

　「強い」とは、何をもって言うのでしょう。メンバーの誰か一人がものすごく抜きん出て力があり、あれもこれも解決してしまうチームもあります。そうではなく、チームは相互の連動によって掛け算的に力量が増量していくものととらえるならば、必ずしもすべての職員がスーパーマンである必要はありません。人には、それぞれがもつ「力」があります。とかく私たちは自分のよい所、強みを完全に把握できているわけではありません。むしろ、悪い部分はとても気になるため、よく把握している場合があり、それが自分を悪い方向へと引っ張っている可能性もあります。まずは、私たち自身が、それぞれのもつ強みを知ることが必要です。

「強い」を「強固なもの」ととらえると、また違った側面が見えてきます。強固なものは、相互にぶつかると損傷します。マグカップとマグカップが強く衝突すると、相互に割れるか欠けるかすると思います。仮に、スーパーマンのような強固なメンバーばかりのチームであれば、相互が衝突したときの損傷は非常に大きなものになる可能性があります。

これが、ぶつかる相手がシルクのハンカチ同士であれば、お互いに損傷することは少ないでしょう。シルクのハンカチには、ある程度の衝撃を吸収し、受け止める力量があり、また柔軟性があります。本来の「強さ」はここにあると、私自身感じています。

② 続けられることは才能

私が考える「強さ」は、この柔軟性がある点、そして続けること、すなわち継続性、さらには連動性です。この3つがそろったときに初めて強いチームができあがると思います。

強みの一つである継続性は、自らの強みを楽しみのなかに見出すことがコツとなります。続けることは難しい側面もあります。常に自身に働きかけることが必要となります。したがって、日々続けることは、ある意味では才能です。同じ場所で、同じクオリティを維持できることは素晴らしいことだと、私は考えています。

継続するには、工夫が必要です。毎朝、仲間に会って頑張ろうと思える環境をつくり出すこと、そのためにはあなた自身の強みを意識していることです。あなたのそのような佇まいがほかの職員に作用して、よい環境を創り出していくのです。

③ 流れ（フロー）をつくる —— 全体のなかでの自分を意識する

私たち一人ひとりがもつ力や強みの構成として、柔軟性と継続性につい

て見てきました。両者ともとても必要なものであり、重要な力であることをご理解いただけたかと思います。

　最後は、連動性です。強いチームをつくる場合、個の力だけではつくれないことは間違いありません。地域包括支援センターの業務の中核では、個別の相談や支援、応援を行いながら、かつ、全体を見る力、流れ（フロー）を感じ、つくり出せる力も求められます。これが連動性です。自分自身の力量を高めることは専門職として重要ですが、業務はチームアプローチですので、相互の連動性こそが強みとなることは間違いありません。

　私は、自身を弱い存在であると思っています。今、センターの業務が回っているのは、チームの仲間が支えてくれているからであると実感しています。誰かを支えなければならない地域包括支援センター業務を担う私自身が、一番支えを必要としている存在であると気づいています。そのようなマインドで日々の業務に向き合うと、自然と仲間に対する感謝の気持ちが湧いてきます。

　この心の深い部分にある源泉から湧き出す気持ちは、必ず相手に伝わります。それが、一つの流れ（フロー）、循環を生み出します。この好循環（図表2-5）は、相互に作用し、掛け算的に倍増していきます。

④ 弱い自分 ── みんなのためにどう強くなれるか

　日常、さまざまな業務が一度に舞い込むこともあり、乗り越えるにはそれなりの力が必要です。相談、会議、連絡・調整、あるいは交渉と、業務は多様で多忙です。これらのなかには、自分一人だけで解決が難しいものも多くあります。なぜならば、私たちの体は一つしかないからです。業務が同時に重なったら、使える時間も、空間も、まして自分のからだも制約がありますので、こなすことは難しい状況となります。だからこそ、チームでの対応や連動や連携が必要となるのです。このような物理的な要件だ

図表2-5 好循環フロー

けではなく、私たちの心の在りようも厳しい状況になるかもしれません。「忙しい」という漢字は、分解すると「心が亡くなる」とも見えます。まさにそのとおりかもしれません。

　このような、物理的にも業務に対応することが難しく、かつ、精神的にも厳しい状況下で、日々業務を行うなかにあって、私たちはほかの職員に、依存的でも、専制的でも、適切にことを成しとげることはできません。だからこそ、「自分は弱い存在である」という自覚と、矛盾するかもしれませんが「みんなのために自分がどう強くなれるか」という自問が必要なのだと思います。私たちがたった一人で成しとげられることは、存外、少ないのです。

コラム ❸

上座、下座などの一般常識について

🍎 上座は、入口から一番遠い位置で左上位

　私たちの仕事は、さまざまなマナーを実践する場面が多くあります。例えば、私の体験談をお伝えしましょう。

　ある日、サービス担当者会議のため、ホームヘルパーさんと一緒に利用者宅を訪問しました。ご本人だけでなくご家族みんなでの出迎えを受けた後、床の間へ通されました。その際、自分がどの位置に座ればよいのかわからず、うろたえてしまいました。幸い、ベテランのホームヘルパーさんに誘導してもらい、その場での立ち振る舞いを助けてもらえました。

🍎 幅広い一般常識を習得する努力を

　このように、私たちの仕事には、自宅を訪問したり、話し合いの場を設けたりする機会がよくあります。世間一般には、上座は入口から一番遠い位置、さらには左上位の考え方です。このような上座、下座などの一般常識を覚えておき、さまざまな場面を想定して幅広い一般知識を習得するよう努めましょう。

訪問等、事業所の外で必要となるマナー

🍎 実は、訪問先に駐車場があるかどうかは大きな課題

　私たちの仕事では、訪問等、相手の自宅や事務所に伺うことも多く、相手先でのいくつか気をつけたいマナーがあります。例えば、以下のようなことです。

- 訪問先での靴の脱ぎ方、座る位置 ➡ 靴は揃えて、つま先を入口側に向ける
  - ➡ 上記の上座・下座に留意する
- 名刺交換の仕方 ➡ 相手の名刺を、名刺入れの上に乗せ、両手で受け取る　など
- 交通ルール ➡ 意外に自動車を運転する機会は多いものです。住宅地は、一方通行や駐車禁止の区域があるため、道路標識を見落とさず、交通ルールを守った安全な運転を心がけることが求められます。また、訪れたことのない場所へ、決められた時間に到着するということは、案外プレッシャーがかかり、最初は慣れないものです。最初のうちは特に時間に余裕をもった行動を取ることをお勧めします。

第 3 章

地域を支える対人援助職に求められるスキルとは

地域を支える対人援助職に求められるスキルとは

　本章のタイトルは、「地域を支える」です。しかし、「地域で支える」ではない点に注目してください。個別の支援を展開しながら最終的には地域全体に目配りができる対人援助職像を目指し、そのために必要とされるスキルは何かを考えます。
　これは、地域包括支援センターだけではなく、居宅介護支援事業所の主任介護支援専門員等にも必要とされるもので、時代が求めているものとも言えます。

1　地域包括支援センターの業務は、対人援助職に必要なスキルの宝庫

1　実践の価値を実現させるスキル

　人を援助する・支援する・応援する、あるいはともに歩む。私自身は、この行為の「価値」を常に感じています。これは、行う側、受ける側の双方にとってそうであろうと考えています。皆さんの業務の中心が対人援助であるならば、自らの実践の価値、その尊さについて振り返ることも必要だと思います。
　そのうえで、専門職には、実践の価値、これを実現させていくためのスキルが重要となります。
　相談を受ける、社会資源につなげる、社会資源を創るために人を集める、多くの人に話をする、事業を考えるなど、地域包括支援センターの業

務は多様で多岐にわたります。そのため、対人援助職に必要なスキルを得る機会が多く、言わば宝庫と言えます。その場に身を置いている人は、知らず知らずのうちにこのスキルが身についている可能性があります。

② そもそも必要とされる「スキル」とは？

では、必要とされる「スキル」とは、どのようなものでしょうか。今、あなたが実践している内容と照らし合わせて考えてみましょう。

実践においては、まずは「相談」から入りますから、相談における面接力、アセスメント力、それも相手をよりいっそう理解することが可能となるような「深み」が必要となります。深みを添えるためには、ちょっとした仕草や目線などの言葉によらない相手のメッセージを受け止めるセンサーをみがく必要があります。私たちの業務は、入口である相談を展開させて、出口に向けてのプロセスを踏むことです。出口とは、相談の内容を解決できる多様な人材や制度につなげることや、相談の相手が自分で解決できる力を取り戻していくための手伝いをすることです。

以上のことから、対人援助職の面接のスキルが、すべての業務の基礎になることに気がつきます。この基礎を強化させつつ、出口に向けてのスキルの積み上げが必要となります。

③ 「見つける」は重要

入口から出口に向けたプロセスに、スキルの習得は必要でしょう。しかし、その前に考えなければならないことがあります。それは、早期発見、「見つける」ことです。

私自身、この業務を長年やってきて実感するのは、相談者のなかには、もっと早くに「出会い」があったらと思う人が多くいることです。これは、地域包括支援センターの周知度が低いからという反省点でもありますが、それ以外にも、「そもそも相談をしたくない」「誰かを頼るのは嫌だ」

「不安が強く、適切な判断ができずに足踏みをしているが、周囲に助言や手を差し伸べてくれる人がいない」などの、いくつかの要因があるように思います。

　「見つける」には、もう一つあります。それは、私たちの業務を支えてくれる人材を「見つける」ことです。これは、出口を見つけることにもなります。また、相談に訪れる人のなかにある「力」を見つけることも、出口となる可能性があります。

　これらを具体化させるためには、私たち自身が積極的に地域にアウトリーチしていくことが求められます。ただし、単に地域に出ればよいというわけではなく、望ましいのは「呼ばれて出向く」、あるいは、地域で中核となる人材に声かけをしてから出向くという流れです。そのためには、呼ばれるような、声かけできるようなネットワークの形成が求められ、同時にそのスキルも求められます。

　さて、ここでは最初の入口について考えたいと思います。支援を必要とする人を見つけた場合、対人援助職にたどり着くまでに抱いた葛藤や心配、不安等への寄り添いが大切です。そうすることで、より深い理解が求められます。これができれば、入口でしっかりと受け止めることができるでしょう。「見つける」から「理解する」を経て、ようやく「一緒に考え、答えを見つけていく」、ここで、相談に訪れた人との「伴走」が始まります。

　その後、解決に向けて、もう一つの「見つける」で述べた私たちを支えてくれる人材への依頼を行う、さらには相談に訪れた人の「力」を見出す必要も出てきます。解決に向けて人材を「集めて」話し合いの場をもち、支援の方向性を「まとめ」、さらに必要となる人材や制度に「つなげる」などの循環を形成できると、いよいよ「出口」が見えてくる可能性があります。

④ 最後は自分で歩けるような手伝い（自立の支援）を

　自分の人生には自分が責任をもつ。当たり前のようですが、自身に力があるときは可能ですが、そうではないパワーレスな状況ですと、もともと力をもっていたとしても、前を向く気持ちはなかなか湧いてきません。そこに、私たち対人援助職の在りようが問われます。つまり、私たち自身が、相談に訪れる人に宿る「力」を信じることが求められるということです。最後は、また自身の人生に向き合える、自分で自らの人生を歩むことができるようになることが最終ゴールとなります。

　私たちがあきらめてしまっては、相談者のもつ「力」を引き出すことは難しいでしょう。その人のもつ「力」を見つけるスキルこそが、まずは私たちに必要と言えます。

2 多様な業務を通して培われる対人援助スキル

① 多様な業務の背景にある「意味」を見る力

　今、あなたが地域包括支援センターや対人援助の事業所で業務をしているのであれば、業務の幅の広さを実感していると思います。もしかしたら、その大変さに、少々まいってしまっているかもしれません。私も、多様な業務に対応するなかで、疲弊することは多々あります。これは、運動選手に例えるならば、ハードな練習をした直後にヘトヘトになっている状態とよく似ています。しかし、練習は嘘をつきません。必ず選手のスキルは向上されることでしょう。

　もちろん、実践は練習ではありません。ですから、実践は、私たちにとって運動選手の練習以上に意味をもちます。今、あなたが感じている大変さ、苦悩など、その経験こそが大きな財産になっています。また、それは、あなた自身のためだけでなく、所属する地域包括支援センターや事業所、実践現場である地域全体にとっても財産になっています。ここに、今

図表3-1 業務の背景に意味や価値を見出す力（スキル）

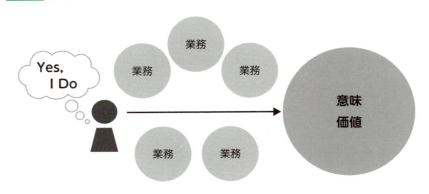

の大変さの向こうにある価値があります。目の前の業務に追われる毎日かもしれませんが、時に、なぜこの業務を行う必要があるのかといった自問も大切でしょう。むしろ、意味を見つける努力をすべきかもしれません。それがモチベーションに変わります。

業務が大変であるからこそ、私たちには、多様な業務の向こうにある意味や価値を見出す力（スキル）が求められているのです。

② 出会いの数だけ力量が上がっていく

さて、業務の幅の広さから蓄積される経験が財産になると述べました。しかし、対人援助職であれば、地域包括支援センターに限らず多様な人材に出会うことも多く、それが経験値として自らの専門性を高めることとなる点では、居宅介護支援事業所で居宅介護支援を行っている介護支援専門員などの対人援助職の皆さんも同様でしょう。

出会いは大切です。対人援助の仕事は、多くの人との出会いから始まります。出会い方は3つほどあると思います。その1つは、ほかの職種と異なり、実践において相談に訪れる人、多くは生活に困難を感じている人との出会いでしょう。通常の出会い方と異なるので、これらの人にとって、

私たち自身の在りようを振り返る必要がありそうです。なぜならば、援助関係を結ぶことそのものが支援につながる可能性を含んでいるからです。最初の出会いから経年的にかかわりをもたせていただくなかで、対話を重ねることが私たちや利用者を強くも優しくもさせると思います。この経験こそが財産です。

　2つ目は、地域で何かをしたいと思っている住民です。対人援助の場面で相談を受けると、抱えている課題を解決するために多様な人々の助けが必要となります。あなたが担い手づくりを中核とする生活支援体制整備事業を生活支援コーディネーターと協働しているのであれば、これら担い手との連携がものすごく有効であることはおわかりかと思います。地域で活動を行っている人や頑張っている人、何かをやってみたいと思っている人との出会いは、私たちを元気にさせてくれます。そして、何かできそうな気にさせてくれます。私にとって、日々の業務のなかで、これらの人々に出会えること、対話できることは、大きな財産となっています。

　3つ目は、専門職や事業所、あるいは行政担当者等の制度のなかにいて、住民サービスの先端を担っている人材との出会いです。専門職や事業所は、プロとしての姿勢を見せていただける機会を与えてくれます。しかも、私たちと同様に対人援助を基盤としていますから、共通の目的をもつ専門職の専門性を見ることができます。介護、医療、看護、リハビリテーション、これらは相談援助と異なり、直接ケアやキュアを提供するもので、そこにいる専門職の技術（スキル）は必見です。私は、極力、現場に同席させてもらえるようにしています。このように、出会いの数だけ力量を上げていくことができるのです。

③ 専門職が提供する「未来」を見逃さない

　デイサービスの介護職が行う入浴介助で、きれいさっぱりした顔の利用者に「喜び」を、訪問リハビリテーションで、できるようになっていく利

用者に「自信」を、訪問看護の病状管理で、顔が明るくなる利用者に「安心」を、訪問診療での医師の見立てに納得される利用者やご家族に「希望」を、すべての専門職が提供する「未来」を見逃しません。こんな素敵な機会に巡り会えるのも、対人援助職の醍醐味でしょう。これらの経験が、さらに私たちの財産になっていきます。

　また、忘れてはならないのが、これらの実践が実現できている背景には、制度の運用、あるいは制度の創設があります。制度などを担う行政担当者も、私たちと同じく人です。自らの所属する市町村行政において、住民の幸福を願わない職員はいないと信じています。実際、協議等を重ねる機会も多く、熱心に業務にあたっている人が多い印象です。ですから、協働しない手はありません。ある意味では、私たちを支えてくれる人材になっていただけるような働きかけも求められていると思います。なぜならば、利用者のために制度等を上手に運用できる技術も対人援助職には求められるからです。

④ 対象により異なる時間軸 —— その見立てと組み立てができるようになる

　さて、地域包括支援センターの場合ですと、個別の相談支援を行いながら、介護予防事業の各種教室や認知症カフェや家族会、介護支援専門員を対象とした研修会等の開催を同時に行うこととなります。また、居宅介護支援事業所の介護支援専門員なら、多様な利用者像において、緊急対応なのか、ある程度、時間をかけてよいものなのかの時間軸の意識が必要となります。個別支援の場合、この見立てと、いつまでに何を行うかの見通しを立てて調整を図ることが必要です。一方、教室や研修会等の開催であれば、開催までに準備すべきことを段取りよく進めていく必要があります。利用者の状態像や業務の特性など、それぞれが異なる時間軸であることに気がつきます。時間軸の異なる利用者や業務を同時に進めていくことを日

常的に行うことで、これらのマネジメント能力が向上していくでしょう。そして、この経験の蓄積こそが、私たちをより専門化させ、そのおかげで思わぬ頂にたどり着けるかもしれません。

3 来る者を拒まない総合相談のスタンス

1 改めて「地域包括支援」の名称から紐解く—— 総合相談の意味

　求められるスキルについて実践に基づいて考えた場合、相談が入口となります。対象は今のところ高齢者となっています。しかし、地域包括支援センターは、その名のとおり「地域：生活圏域」を「包括：おおう・包む」して、「支援：支える仕組みづくり」を行う「センター：中心となって行う機関ではあるがすべてを担うわけではない」となっています。

　高齢とも障害とも名称になく「地域」を冠にしている点で、多様な領域を対象とした総合相談の展開が期待されています。例えば、高齢者の家族に障害のある子どもがいる、同居している孫が不登校になっている、介護者が介護と子育てのダブルワークになっている、働けない息子と二人暮らしで少ない年金だけが収入となっているなど、一つの家庭で多様な領域にまたがる課題を有する場合、一つの窓口で相談が受け止められると助かるのは容易に想像できます。私たちが知らないだけで、そういった家庭は多数あるのかもしれません。

2 相談の対象は拡大していく可能性もある

　地域包括支援センターは、入口の相談について、今までの実績も含めて対象が拡大していく可能性があります。皆さんのなかにはすでに、障害のある家族への支援のために基幹相談支援センターにつなげる、働けない息子への就労支援を含め、生活困窮者自立支援の担当者につなげるといった

経験をもつ人もいると思います。その経験の集積は、地域包括支援センターの対人援助の対象が拡大されたとしても支援が可能なスキルをもっていることの証明になるでしょう。来る者を拒まない総合相談を窓口に、大きく手を広げて迎え入れることができるセンター、そこにこそ、地域を「冠」として立つ地域包括支援センターの在りようが映し出されているのです。

4 地域アセスメントの視点、地域のケアマネジャー支援

1 地域を見立てる（強みも含めて）

　対人援助職は、出口を創ることも求められる専門職です。ここでは、出口を創るうえで必要となる地域をアセスメントする視点について考えたいと思います。個別の相談でも、最初の出会いを経て、相互の契約によって支援が展開されますが、その際に、何に困っていて、その要因がどこにあって、今後どうなりたいのかを見立てることとなります。これがいわゆるアセスメントです。これを個人ではなく、地域全体に応用させて、よりいっそう地域の実情の理解を深めていくこととなります。

　その際、重要なのは、個人も地域も「強み」を見出せるかどうかということです。個人ならば「意欲」「意向」「希望」のようなもので、地域ならば「まちのよいところ」「まちの誇り」「まちの宝」などでしょう。あらゆるチャンネルを使って把握すべき重要なものと、私はとらえています。

2 ケアマネジャーを含む人材のストレングスを見つめる

　地域の強み、まちの強みについて、私は「人材」にあると思っています。人がまちを創り、まちが人を育てる。最初は人が始めることですが、そこからまちは構成されていくものであると考えています。

私は、そこに住む皆さんや専門職であるケアマネジャーなどの対人援助職の人材のなかにある強み（ストレングス）を見出す努力をしています。なぜならば、これらの集積が、まちを元気にしていくエネルギーになると思っているからです。データ上には表れてこない人材の主観的な気持ちは、私たちが地域に出て対話を重ねないと見えてこないものです。しかし、地域やまちの活性化は、これらがカギになると思っています。

③ 介護保険事業計画策定に伴う各種調査データも重要

　地域のアセスメントには、アンケート調査も有効です。３年に一度、策定される介護保険事業計画では、生活圏域ニーズ調査として、65歳以上の高齢者に向けた意識調査が行われています。この調査には、多様な状況が映し出されます。近所付き合いや心身の状況、心身が弱り介護が必要となった場合の生活は自宅か施設かの意向、日々の生活において何を求めているのかなど、これらと地域ケア会議で協議された事例を重ねると、皆さんのまちの在りようが見えてくるかもしれません。当該調査は市町村が行い、いずれ市民にも公表されますので、活用することが可能です。人口や世帯構成の推移、産業等のデータと合わせて見ると有効でしょう。

5　大切なのは地域共生社会という視点

① 地域アセスメントから見えてくる「まちの風景」

　さまざまな統計データを見ると、人口減少と単独世帯の増加、産業の衰退等の心配な数値が見えてくると思います。このデータ上の状況だけでアセスメントを終えてしまうと、「見えないもの」があります。データ上の状況と、まち並みを歩いたときの実際の状況に隔たりがある場合があるのです。まちを歩けば、まちの人たちが道端で元気におしゃべりをしていたり、自転車でグラウンド・ゴルフに連れ立って出かけているを姿を見た

り、家庭ゴミの集積場で当番として立ちながら、訪れる人々と談笑している光景など、見えてくる「まちの風景」は多様で、少し明るいものです。

　まちの皆さんが、暮らしを営む、生活を続ける、これらは、そこに長年住むことで、繰り返されていく物語なのでしょう。これらの息遣いをリアルに感じる感性も大切です。忙しい業務ですが、時に地域、まちを歩くことで、アセスメントを繰り返し、「まちの風景」が見えるようにしておくことが大変重要といえます。

② 生活は多様で、制度は縦割り

　まちの風景の主役は、そこに住む住民です。繰り返される暮らしは、衣食住から始まり、仕事や町内関係の行事への参加まで、社会との関係も含めて多様です。一方、制度はどうしても税金、水道、ゴミ、こと福祉でも高齢と障害と児童は別々の窓口となります。生活は多様で、制度は縦割りです。私たちは、一方の生活を対象としますので、いかに縦割りの制度を現場で横断化させていくのかが求められてきます。私の場合、例えば、訪問した家に水道課からの料金の督促状や、介護保険料未納の督促状を発見することが多々あります。そういった場合、担当課に電話して支払いについて分割をお願いするなどの対応をします。聞けば、督促状が何を意味しているのかわからない場合や、そもそも身体が悪くて支払いに行けないなど、事情はさまざまです。この場合、得てして水道課と介護課は、双方に滞納があり、この家族が困窮していることを知らない可能性が高いのです。

　私たちには生活の場面で、あるいは地域で対人援助を展開する際、縦割りの制度を生活に合わせて横断化させることが求められています。

③ 名もなき日常に彩りを添えるものは

　繰り返される暮らしの物語は、あたりまえのように明日もやってくると

思いがちです。しかし、例えば、ある日突然、脳梗塞などを発症し、入院から退院、その際に身体が不自由になるかもしれません。そうなると日常は様変わりし、困難なことばかりになってしまいます。家族もある日突然、介護者になってしまい、大変な苦労をしいられ、戸惑う暇もなく日常の介護が始まることとなります。この状況にあって、利用者は対人援助職にたどり着くこととなります。

そこで、また暮らしの物語は新たなストーリーを紡ぎ始めます。身体に制限の多い生活は、以前よりも変化の少ない日常を続けることとなる可能性も高く、介護を受ける側と提供する側の双方ともに彩りを失っていく可能性も高いと思います。

私たち対人援助職は、そんな家族の伴走者として、いくつかの提案から日々の小さな喜びの提供を始めることで、名もなき日常に彩りを添える者として在ることができると思っています。そこには、かかわる人の暮らしを物語としてしっかりと把握し、その人が何を大切にしているのかを心に刻むことから始まると思っています。

④ 地域包括支援センターの終着駅 —— 地域共生社会実現への期待

さて、生活は多様で、制度は縦割りであることを述べてきましたが、ここで、経験のある人は思い当たるでしょう。例えば、家族に障害のある人が同居しているケースや、障害のある人が65歳になって介護保険の対象になったケース、夫婦ともに認知症がありながら寄り添い合って暮らしを成り立たせているケース、介護者が子育てもしているケース、要介護の利用者の同居している孫が不登校のケース。おそらく、最初に発見する立場にあるのが地域包括支援センターだと思います。それは、出口づくりのためのネットワーク形成や、地域で私たちを支えてくれる人材を増やしていく過程において、これらの人から地域で困っている人の情報が入りやすく

なっているためかもしれません。情報の量も多くなり、質も濃くなる、つまり、入口も拡大している可能性があります。また、業務自体が市町村事業ですので公的です。ゆえに、行政からも多様な依頼が入る可能性があります。行政が背景にある点では、先述の水道料金滞納等の折も協働できる可能性を示しています。そう考えると、地域包括支援センターが対人援助スキルを駆使して多様な対象の救済を行う機関として期待されるのは時代の要請であり、自然な流れかもしれません。ですから、私は、地域包括支援センターの終着駅は、国の示す地域共生社会の実現にあると思っています。

⑤ 共に生きる —— 時をたおやかに重ねることの意味

　地域共生は、「地域で共に生きる」と書きます。ここで思い出してほしいのは、「まちの風景」であり、「名もなき日常に彩を添える」ことへの思慕です。暮らしという名の物語は、それぞれの家族によってまちまちです。想いも、願いも、怒りも、苦しみも、それぞれです。しかし、一つ共通しているのは、同じ時をたおやかに重ねて、家族であることを意識していく過程を経ることでしょう。たおやかとは、「姿・形・動作がしなやかで優しいさま」を表す言葉ですが、まさに家族の物語は、しなやかで優しい、それでいて強いものであると思います。

　私が出会ったある家族は、訪問するといつも口喧嘩をしていました。お母さんとお父さんと娘さんが、お互いに言いたいことを言い合っています。お母さんに「そんなふうにして3人で支え合ってきたのですね」と聞くと、にっこり笑って「みんな言いたいことを言っているだけです」と答えます。私がさらに「それだけ仲がよいのですね」と言うと、お母さんは「そうかしら」と嬉しそうです。

　家族の物語は、思っている以上に深いのかもしれません。私たち自身の家族を思い返してみると納得できるように思います。そして、私はちょい

役かもしれませんが、物語に参加できていることの重みも感じています。また一方で、喜びも感じています。家族であることが「誇り」となれるようなお手伝いができれば嬉しいと、日々感じています。

　一つひとつの家族の物語が集積されて「まち」が構成されています。そこに住む人々は、まちの物語を語り継ぐものとして自負する人、名脇役に徹している人などさまざまです。ここでも、家族の物語同様、悠久の時を重ねて、まちの「誇り」が形成されています。そこに住む人には、高齢の人も、障害のある人も、生活に困窮している人も、「まちの物語の主人公」として輝くときを待っているのかもしれません。私たちは対人援助職として、「地域を支援する専門職」として、このまちの物語に寄り添い、共に時を重ねていくなかで、医療や介護や各種制度を利用する側にある対象者が主人公として参加できる機会を、まちの担い手と一緒に創り出していくことが求められているのです。

6 どうすれば地域を支えられる優れた対人援助職になれるのか

① 自問に答えが宿る

　どうしたら、何があれば、地域を支えられる優れた対人援助職になれるのか。この自問は大切です。専門職は、一生涯自らの技術・知識、さらには価値をみがいていかなければなりません。ある意味、修行の途中にあるともいえます。私も同様です。常に悩み、考えています。自問に答えが宿ります。私も含めて多くの皆さんが、「どうしたら」「何があれば」の自問から答えを導き出せると嬉しいと思っています。

② 一粒の種には「美しく開花する自分のイメージ」が宿っている

　花の種は小さく、一見、そこから大きな花が咲くとはわかりません。科

図表3-2 成長にはイメージが必要

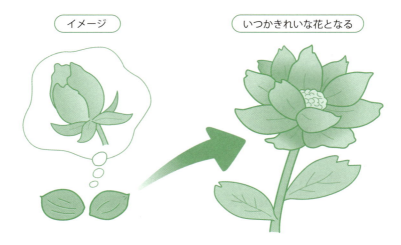

　学的に証明されているわけではありませんが、私はこんなに小さな種が成長して開花していくには、道筋が明確になっている必要があると考えています。さらには種にその道筋が見えていないと、開花は難しいでしょう。つまり、一粒の小さな種には、自らが「美しく開花するイメージ」が宿っている可能性があると思うのです。ここに私たちが成長できるヒントがあります。まずは私やあなたが、自分の将来に対して明確なイメージをもっているかどうかです。そこで、「どうしたら」「何があれば」の自問が大切になってきます。

　「地域を支える優れた対人援助職」。このイメージを心の静かな場所にしっかりと置いて、迷ったらここに帰ることができること、またイメージを具体化させるうえで、モデルとなる人材を知っていることが大事です。

　あなたの心のなかに咲く花は、地域で支援を必要とする人たちの名もなき日常に彩りを添えていくこととなるでしょう。

　心に咲く花は朽ちません。いつもきれいに咲き誇っています。

③ 地域を支える —— あなたはどこまで「地域」を愛しているか

私の地域包括支援センターには、看護の学生が実習に来ます。実習中の忘れられないエピソードがあります。実習生と一緒にまちを歩きながら、このまちで仕事をして長いが、やはりこのまちが好きであること、まちの在りようなどを語り、人口が減少していくなかで、地域づくりこそが決め手である点を伝えたときに、「やっぱり地域って大切ですね」「こうしてまち並みを歩いてみると、そこに住む人たちの思いや気持ちもいろいろとわかりますね」と彼女たちから嬉しい言葉をもらいました。同じ時間や場所で、一緒にまちの在りようや未来を感じ、共に考えることができたこと、この語らいに、私はこれから訪れる未来に希望を見出しました。

あなたは自分が実践する地域やまちを愛していますか？　それを誰かに伝えていますか？　その想いが「地域を支える」ことにつながります。

④ 求めることが、極める道を開き、好機が訪れる

「優れた対人援助職になる」、それは、誰にとってでしょう。あなた自身でしょうか？　それとも、所属機関でしょうか？　これは、常に「自分ごと」です。大切なことではありますが、対人援助職を続けていくうえでは限界もあるかもしれません。社会に役立てるなど、より公益性を高くもつことが継続性と連続性を向上させることができると信じています。

本書をお読みのあなたが対人援助職であれば、きっと自分の目の前にいる支援を必要とする人に対して、優れた人材でありたいと願っていると思います。また、地域を支援するわけですから、地域、すなわち「まち」のために優れた人材になりたいと願っているともいえます。

では、どうしたらなれるのでしょうか？　まずはなれるように自分自身に求めましょう。常に心にとどめることで、意識化されます。それが自身を極める道を開き、好機を運んでくるでしょう。

例えば、ある日の利用者との対話で気がつくとか、大きく影響を与えて

くれそうな人と出会うとか、偶然手に取った書籍のなかに思わぬ答えを発見するとか、予定していなかった研修に参加したことで新しい自分を発見するとか…想像してみてください。ワクワクしますね。そこから、創造が始まります。

　以下、どうしたら「地域を支える優れた対人援助職」になれるかをまとめました。

　大丈夫です。きっとあなたは成しとげます。

日々の業務に「意味や価値」を見つける努力をする。
　　そのためには、国が示す要綱などの一読も必要です。業務の意味や
　　価値は「やる気」につながります。

出会いを大切に。出会った人々のなかにある「強み」を見出す。
　　一つひとつの出会いがネットワークになります。
　　まちの担い手からは「元気」をもらえます。
　　専門職が提供する「未来」を見逃さない目をもちましょう。

入口の面接相談力をみがく。出口の人材等のネットワーク力をみがく。
　　まちの皆さんや支援を必要とする人の「強み」を知ることが「出口」
　　を創ることになります。

地域を「アセスメント」する視点をもつ。
　　各種統計データも必要ですが、まちの人たちの語りも含めて、自分
　　のなかで「まちの風景や物語」を鮮やかにしておくことが大切です。
　　それがあなたのなかに地域への愛情を生み出します。

共に生きる「地域共生社会」を意識する。
　　障害がある、生活に困窮する、高齢である、学校に行けないなど、
　　いろいろあっても共に生き、お互いにたおやかに時を重ねるなかで、
　　家族やまちの「誇り」が形成されているという視点をもちましょう。

自分が「優れた対人援助職」になる「イメージ」をもつ。
　　いつかなる自分のイメージが成長を早めます。モデルとなる人材を

もつこと、あるいは探すことをお勧めします。

優れた対人援助職になれるように、自分自身に求めること。

　自身の意識が常に「道を極める」モードにあることが大切です。意識化されると、不思議と必要なひと・もの・ことが集まってきます。

コラム 4

事務所内で必要となるマナー

🍎 報告・連絡・相談（ほうれんそう）は、助け合いを育む

　ビジネスマナーとして周知されている報連相（報告・連絡・相談）ですが、地域包括支援センターや居宅介護支援事業所でも大いに活用すべきです。

　単独でケースを担当したり、事業を担当したりすることがよくあるでしょう。しかし、一人で仕事をしているわけではありません。私は、以下のように、実際に業務を行ううえで報連相をして、他職員に利用者も自分も救われたという経験があります。皆さんにも報連相を意識した職場内コミュニケーションを図ることをお勧めします。

＜エピソード＞

　がん末期により寝たきりの状態となっても、入院や施設入所は拒み、住み慣れた自宅での生活を強く望む女性の支援に携わったことがありました。家族とは疎遠で、介護サービス利用も消極的で、支援者は乏しい状況です。毎日のように訪問し、見守り、車いすを押して近くの病院まで連れていくこともしました。

　どんどん病状が悪化していくにもかかわらず入院を拒む女性の心情を受け止めきれず、私自身も心身共に疲弊していき、ポロっと事務所で弱音を吐き、訪問に出かけてしまうこともありました。

　ある日、病院までの道中で雨が降り出し、傘を忘れた女性と私は、身動きが取れなくなってしまいました。その時の雨の冷たさは忘れません。しかし、そんな時に、事務所の仲間が傘を持って現れたのです。雨は、依然として降り続いていましたが、私の目の前は、ぱっと明るい日が差したようでした。女性も明るい表情になりました。

　かしこまった報連相ができていたわけではありませんが、仲間が私の抱えているケースの状況を理解してくれていました。

　このように、援助を要する人に適切な支援の手が行き届くためにも、支援者である自分が潰れないためにも、私は、このケースを通じて、仲間を大切にし、報連相によってしっかりと連携する大切さを学ばせてもらいました。

第 4 章

地域を支える対人援助職の力量を高めるスキル

地域を支える対人援助職の力量を高めるスキル

　ここからは、対人援助職にとって必要な 11 のスキルについて見ていきます。

　11 のスキルについては、領域・特徴・理解・姿勢・工夫に分けて整理しました。本章では、各スキルの理解すべき点や姿勢を紹介していきます。全体像は 図表4-1 のとおりです。なお、スキルの特徴は、私の経験上、馴染みがあるスキル（中核）、いずれ得たいスキル（必要）、得ると有効なスキル（有効）に分けてみました。

図表4-1 対人援助職の力量を高めるスキル一覧

領域	スキル	特徴	理解	姿勢	工夫
個人	面接力 アセスメント力 プランニング力	馴染みがある（中核） 馴染みがある（中核） 馴染みがある（中核）	第4章	第5章	第5章
組織	ネットワーキング力 会議運営力 合意形成力 社会資源開発力	いずれ得たい（必要） 得ると有効　（有効） 得ると有効　（有効） いずれ得たい（必要）		第6章	第6章
地域	交渉力 時間配分力 スーパービジョン力 コンサルテーション力	得ると有効　（有効） 得ると有効　（有効） いずれ得たい（必要） 得ると有効　（有効）		第7章	第7章

1 明日の自分へ——スキルの向上を目指す意味

「スキルの向上を目指す」ということは、ケアプランでいえば目標です。しかし、「向上してどうなりたいのか」が隠れてしまっています。向上を目指す先の「なりたい自分」を描くことは、利用者にプランを提示する際にも重要なことです。この成功後のイメージがあるかないかで、目標達成へのモチベーションが異なります。

では、スキルを向上させて、どうなりたいのでしょうか？　「スーパー対人援助職として世間から注目される」「周囲から一目置かれる」「尊敬される」など、イメージとしてはつかみやすく頑張れそうですが、これだとかなり自分ごとです。私の場合は、困惑している、あるいは困っている多くの人に、しっかりと手を差し伸べることができ、さらにはその手を握り返してくれるような支えができる自分でありたいと願っています。対人援助職として歩み始めた人の最初の想いは、多少の違いはあるとしても、同じようなものかと思います。

たゆまないスキルの向上、腕をみがき続けることは、この想いの体現化にあることを忘れてはなりません。

2 力は使う側の意識で、よくも悪くもなる

スキルを向上させた先にある「自分」をイメージすることは、とても大切なことです。習得や向上を目指すスキルの総体が、対人援助の力を高めていきます。改めて、その力は何のための、誰のための力なのか。自分はどう在りたいのか。その意味を考えることで、今の自分に必要なスキルが見えてきます。

得られた力は、あなたを一回りも二回りも大きくさせることでしょう。

一方、この力は使う人の意識で、よくも悪くも、相手に影響を与えます。それゆえに、使う側が力を使用する「意味」を心に刻むことが、とても重要となります。今も、これからも、対人援助職として実践を積み重ねていくなかにあって、大切にしたいところです。

　まずは、対人援助職として歩み始めたときの想いに立ち返ることから始めてみましょう。

3　総合力で向き合う

　人は、心とからだが一体的に働く場合と、バラバラに働く場合とがあり、かつ相互に影響を与え合っています。かかわる側の私たちは、利用者の総合的な把握と、からだの病理が心にも影響を与えるような、相対的に発生している要因を見極めることが求められています。そのために、多様なスキルを重層的に使用し、支援を組み立てる必要があります。

　これから紹介する 11 のスキルは、対人援助において総合的に必要となるものを抽出しています。

　援助の入口である「面接」「アセスメント」、援助のプロセスである「プランニング」、これら中核となるスキルをカバーするうえで効果的な「ネットワーキング」「会議運営」「合意形成」「社会資源開発」「交渉」「時間配分」「スーパービジョン」「コンサルテーション」といったスキルを、すべてつなげて包括的に利用者を包み込めると有効です。

　図表4-2 は、スキルの概要です。あなたにとって、今、必要なスキルはどのようなものでしょうか。確認してみてください。

　習得に向けて研鑽し、対人援助職としての力量を上げることで、援助の深みが増すことになるでしょう。

図表4-2 特徴別11のスキルの概要

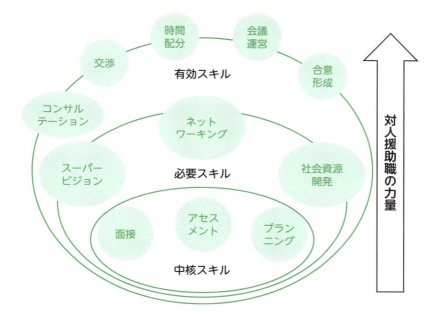

4 状況に応じたスキル展開のための理解

　以降、紹介していく11のスキルについて、図表4-2のように、「特徴」に基づいて、中核・必要・有効スキルに大別してみました。

　一方、対象別に考えると、「個」を対象としたスキルとして、面接、アセスメント、プランニング、「組織」を対象としたスキルとして、ネットワーキング、会議運営、合意形成、社会資源開発、「地域」を対象としたスキルとして、交渉、時間配分、スーパービジョン、コンサルテーションがあります。

　まずは、各スキルについて、状況に応じた展開ができるように、十分な把握や理解が必要となります。

　では、これより各スキルの理解から始めていきます。

✤ 面接力（利用者との最初の出会い）

理解・姿勢

① 面接場面は入口（インテーク）

　ケアマネジメントプロセスでは、面接はプロセスの入口にあたるインテークの部分が多くを占めます。常に実践場面で面接を展開しているあなたにとっては馴染みのあるスキルといえます。

　改めて、インテークとはどのような意味をもつものでしょうか。インテークには「取り込む」という意味があり、相談援助の場にクライエントが入って来て、ソーシャルワーカーと出会う時期とされています。つまり、利用者との「最初の出会い」ということになります。普段行っている面接ですが、ここではその意味について考え、どのような姿勢で臨むべきかも含めて理解を深めていきます。

② 出会い ── あなたの存在が輝くとき

　対人援助の仕事の始まり、その多くは相談での面接場面だと思います。ですから、対人援助職にとって、始まりであり、出会いでもある、この面接における力量が求められています。

　この力量を積み上げるうえでの最初のステップは、面接における姿勢、もしくは在りようです。それは、どのようなことでしょうか。

　相談者には、さまざまな状況のなかで、私たちを選択してもらいました。勇気をもって相談に訪れていることを推し量りながら、頼っていただいていることに感謝の気持ちをもつ必要があります。私は、相談がより込み入った内容であればあるほど、よほどの信頼がなければ、本当のことを語っていただけないと思っています。ですから、数ある選択肢のなかから選んでいただいたことに感謝する気持ちをもつことから始めるのがよいと思います。それが、以降、電話や来所、あるいは訪問によって出会った

人々とのよい関係を紡ぐことを可能とします。ひいては、それがあなたの存在を輝かせることになるのです。

③ 相談者は何を求めている?

　目の前にいる相談者は何を求めているのか。私たちには、そっと寄り添いながら、相談者の心のうちにある「核」のようなものを見つめる、そんな心持ちも必要です。

　面接の場面では、あまり整理がついていない状況で、自分が何を求めているのかも明確にできていない場合があります。迷いや苦しみのなかにあっては、自身が見えていない、あるいは心が内向きになり、心を閉ざしてしまっている人もいるでしょう。ですから、面接の場面では、私たちは相談者のたたずまいを温かい目で見つめ、相談者が何を求めているのかの「核」を見つける姿勢が求められます。相談者は、単に話を聴いてほしいのか、具体的な手立てを求めているのか、自分を解ってほしいのかなど、求めるものも異なります。また、それによって、相談にかける時間も異なることとなります。

④ 関係性を創り出すことが次のステージへ

　最初の出会いから、伴走者として共に歩むことを双方が了解する。これをエンゲージメント（契約）と呼び、初回面接の関係性が、後の援助の方向性を大きく左右することとなります。私は、これら最初の出会いを大切にしたいと常に思っています。出会いは、静かに、厳かに始まり、いつしか相談者の心の安寧にたどり着くまでの道を導き出すこととなります。ただ、いつたどり着けるかは、それぞれのケースによって異なります。ここの見極めも、相談を始めるにあたっては重要な要素となります。

🍀 アセスメント力（見立てる力）

理解・姿勢

① ニーズを見つけること

　アセスメントは、ケアマネジメントプロセスにおいては、インテークで援助関係を結んだ後に行うものとなります。アセスメントは介護保険では課題分析といい、従前では「事前評価」といいます。これは、サービスを提供する前段階の評価という意味合いで、現在の生活上の困りごとは、なぜ起こり、解決を必要とするどのようなことがあるのかを明らかにすることとされています。また、この生活上の困りごとを、介護保険では「生活全般の解決すべき課題」とし、「ニーズ」と位置づけています。さらにニーズについては、「生活全般の解決すべき課題」と表現していますが、社会生活を送るうえで、さまざまなものがあるとされています。介護保険で表現された「課題分析」は、アセスメントによって多様なニーズを抽出することが想定されていますので、より複眼的な視点が求められていることに気がつきます。

② アセスメントは「見立て」

> 　Aさんは、2か月前に脳梗塞を患い、左半身に不自由が生じ、困惑のなかにあります。あなたの目の前で、将来の見通しも立てられない状況で、困ってたたずんでいます。

　さて、このような相談面接の場面に、あなたも直面することがあると思います。この場面から、専門職として援助を組み立てるにあたり、インテークの後の支援への「入口」となるのがアセスメントです。アセスメントは、目の前のAさんが、①どのような状況にあって、②その要因はどこにあるのか、③さらには将来どうなりたいのかを五感で把握し、「見立

て」を行うスキルとなります。ケアマネジメントプロセスでは、最初の「出会い」であるインテークを経て、アセスメントで「見立て」をし、プランニングで利用者と一緒に「手立て」を考えることとなります。また、必要に応じて、モニタリングでプランの「見直し」をしていくこととなります。入口の見立てを間違えると、手立ても間違えてしまう可能性があります。私たちには、より的確なアセスメントが可能となるよう、基本から始めて、応用まで幅広いスキルを身につけることが求められているのです。

③ 利用者に宿る力を見抜く

　基本的なアセスメントの枠組みは、身体（バイオ）・精神（サイコ）・社会（ソーシャル）の３つの視点で利用者を理解します（図表4-3）。厚生労働省が定めた課題分析標準項目でも23項目が標準化されています。要支援や事業対象者といった地域包括支援センターの対象も同様の視点が必要です。ここで大切なことは、弱い部分のみに注視せず、利用者がもっている強み、あるいは利用者に宿る力に注目することです。もっと言えば、それを見抜く力が求められます。その力があれば、支援のアイデアや介護保険の理念である自立支援の方向性が見えてきます。

④ アセスメント不足が、後々の支援を困難にする

　最初の出会いによるエンゲージメントをしっかりと結べていないと、当然、アセスメントでは本質にたどり着くことが難しくなります。また、マイナス面のみのリストアップの場合も同様です。さらには、利用者の姿を見誤る可能性もあります。入口でいかに関係を紡ぐかが重要であり、気をつけたいところです。

図表4-3 アセスメントの枠組みと理解

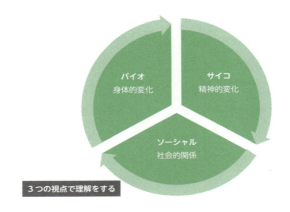

3つの視点で理解をする

🍀 プランニング力（手立てを考える）

理解・姿勢

1 ニーズ解決の手立てがプランニング

　ケアマネジメントプロセスにおいては、アセスメントの後にプランニングが来ます。居宅サービス計画は、利用者のニーズを解決し、利用者の望む暮らしを実現するためにアセスメントに導かれて作成されるものです。これは、利用者が望む暮らしの実現に向けて、いくつかの手立てをまとめたものともいえます。さらには、プランですので、「いつまでに」「誰が」「何を行うか」が明記されているものでもあります。

　あなたが普段からプラン作成を行っているのであれば、利用者から「介護予防サービス計画や居宅サービス計画って何？」と問われたときに説明ができるよう、改めて概念について確認しておくことをお勧めします。

2 利用者がたどり着きたい頂上（目標）の確認

　援助は、面接で出会い、関係を結ぶことから始まります。その後、アセ

スメントで何に困っていて、その要因は何か、今後はどうなりたいのかを「見立て」ます。そして、プランニングで、実現に向けた「手立て」を考えることとなります。このプランニングは、利用者が「どうなりたいか」を確認することが決め手になります。利用者の希望に基づく支援の組み立てこそが有効で、例えば、「しっかりと歩きたい」「トイレは自分で行きたい」「安心してお風呂に入りたい」「脳梗塞を患ったが、もう入院はこりごりだ」などは、利用者がもつ希望の数々です。この希望は、プランニングでは「目標」になります。利用者とあなたが掲げる目標は、例えるならば、しっかりと昇りつめる山の頂上です。プランは、希望を目標という言葉に置き換えることで、このたどり着きたい頂上を「見える化」するものです。

　"言葉"は見えません。利用者やあなたが発した言葉は、いつしか消えていきます。一方、プランに記載された言葉は残り続けます。誰かに見せることもできますし、利用者とあなたと、皆がともに育むこともできます。利用者の希望を、自身も家族も、他者も、プランを見つめることで、心に刻むことが可能となるのです。

③ 頂上への道のりを支えるもの

　「歩きたい」「トイレに自分で行きたい」「病気を再発させたくない」。これらの利用者の希望は、どこからくるものでしょうか。なぜ、それを希望するのか、その背景を理解することも重要です。もう少し掘り下げた聞き

図表4-4 居宅サービス計画書第2表（目標達成　いつまでに・誰が・何を行うか）

ニーズ	目標	サービス内容	サービス種目
生活全般の解決すべき課題○○したい	課題解決後の自分○○できるようになる（希望）期限を明記「いつまでに」	目標達成のために「何をするのか」	「誰が行うのか」

取りとしては、「歩けるようになって、どうなりたいのでしょうか」「トイレに自分で行きたいと思うのは、〇〇さんにとって、どのような願いなのでしょうか」「病気を患うことは誰もが避けたいことです。〇〇さんがそのように強く思うお気持ちを聴かせてください」などとなります。

私たちは、利用者の切なる想いを推し量り、希望の源がどこにあるのかを理解することが重要です。なぜ推し量るのかというと、明確に自身の希望を語れない利用者もいるからです。過去、何を大切にされてきたのかを把握し、希望を推し量る。これらの理解なしに、例えば利用者の「歩きたい」を表層的にとらえ、環境整備や ADL 向上のためのリハビリを位置づけても、ピントが合っていない可能性を含んでいます。

❖ ネットワーキング力（つながる力）

理解・姿勢

1 ネットワーキングの意味

ネットワーキングとネットワークとはどう違うのかと思われた人も多いと思います。ネットワークとは、人々を結びつけ、活動、希望、理想の分かち合いを可能にするリンクであり、ネットワーキングとは、他人とのつながりを形成するプロセスとされています。

つまり、ネットワーキングとは、ネットワークを創っていく過程を表しつつ、そのネットワークをどのような思いで形成していくのかも含めている点で、私たちの実践にリンクしているように感じます。

2 つながる・つなげる

「今は誰とも会いたくない」と、一人でいたいと思うこともありますが、いつしか誰かを求めているのが私たちでしょう。人は一人では生きていけ

ません。どこかでつながりを求めています。経験上、どんなに社会や地域から疎遠になっている人でも、深層では、誰かを求めていることが多々ありました。

一人暮らしをしている高齢者宅を訪問すると、「寂しい」と言う人が大勢います。そんな時、このような利用者に、誰かをつなげていくのが私たちの役割であると強く感じます。ところが、私たち自身が多くの人や機関につながっていないと、利用者に届けることはできません。いわゆるネットワーキング力が必要とされるのは、こんなときです。

③「創りたい」の瞬発力

ネットワークを形成していく過程を示し、形成できる力をネットワーキング力ととらえましたが、これはネットワークを強化させていくことでもあります。

では、ネットワークを形成する、あるいは強めるにはどうしたらよいのでしょうか。それは、まずはあなたから始めることです。当たり前のことですが、動かず待っていても、誰もネットワークを与えてはくれません。まずは一人から始めるしかないのです。

しかし、一人では成しえないのがネットワークです。ここで、あなた発の「ネットワークを創りたい」という強い思いが瞬発力になります。強い思いの背景には、「なぜネットワークが必要なのか」という理由があると思います。もちろん、それは利用者の望む暮らしの実現にあります。あなたがもつネットワークは、利用者の支援に絶対に必要です。より豊かに強固にしていくことが、あなたを強く優しく、そして大きく深くしていきます。

④「いつか必要となる」の未来創りをきっかけに

会議に出席する、研修に参加する、新しいデイサービスセンター等の内

覧会に出かける、福祉用具の事業所が新しい用具の説明に訪れたら時間の許す限り立ち会うなど、私たちは多様な場面で専門職と出会います。その際の名刺交換でネットワークが形成できるかどうかですが、日々、大勢の人と出会うことが多い職種なので、インパクトがなければ難しいと思います。

　今は強いつながりがないものの、いつの日か必要となると思えば、その人のそのときの印象を、名刺等にメモしたり、スケジュール帳などに書き込んでおくと、そのときが来た折に有効となるでしょう。今、この瞬間に未来を創る。そんな強い気持ちが、私たちには必要なのです。

❧ 会議運営力（物事を決める・整える力）

理解・姿勢

① そもそも会議を行う意味があるのか

　会議は「難しい」とか「大変」といった印象があるかもしれません。時には、本当に必要なのかなどと思ってしまうこともあります。しかし、会議とは、関係する構成員が一堂に会し、一定の議題について、お互いがもつ意見と情報を交換し合って審議を行い、最良の施策を見出そうとする会合です。一般的な定義ですが、会って意見を交わすことは相互理解を促すこととなり、さらにはコミュニケーションが深まる可能性があります。人を援助する対人援助職にとっては、人を理解するためのツールとして、さらには意見をまとめるうえで、会議はとても重要で、行う価値があるのです。

② 会議は情報共有型と問題解決型に分かれる

　ここで、先の定義を踏まえ、会議の目的について考えてみたいと思いま

図表4-5 会議の種類

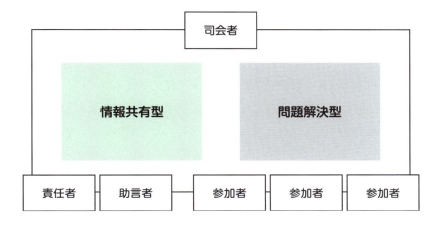

す。

　まず、会議には情報共有型と問題解決型の2つがあります。前者は、情報交換や共有を目的にするもの、後者は、最良の施策を見出す、解決策を見つけることを目的とするものです。

　目的が異なれば、会議の運営の仕方も異なります。会議の目的を明確にしておくことが、まずは運営のピントを合わせるための大前提になります。

③ 会議運営力は司会進行力

　会議の運営に欠かせないのは、司会者です。会議の主催者が司会者となる場合と、そうでない場合がありますが、あなたがケアマネジャーや地域包括支援センターの職員ならば、会議の司会を担う可能性が高いと思います。つまるところ、会議運営力とは、司会進行力と言ってもよいと思います。その点では、会議で司会を行う可能性が高いのならば、その方法やコツについて習得しておきたいところです。

それぞれの置かれた立場で、どのような会議を運営するかは異なると思いますが、地域包括支援センターや居宅介護支援事業所の場合であれば、サービス担当者会議や地域ケア会議は共通して開催したり、参加したりすると思います。

　会議の運営は、ある意味では参加者次第です。例えるならば、風を集めて帆をどう張るかを考えることが運営力といえます。となると、司会進行には、会議の全体的な流れを大きくとらえる力が必要なことに気がつきます。

④ 司会は準備で決まる

　では、会議の司会進行をうまく務めるには、どのようにしたらよいのでしょうか。まずは、事前の準備が重要となります。

　一方で、司会は、経験を積むと事前の準備をしなくてもそれなりに進行させることが可能となります。しかし、会議を流すとでも言いましょうか、促し、進めることは可能ですが、一番重要な「結果（結論）を出す」までに至らない場合もあります。やはり結果を出すためには、事前準備が重要になります。即時的な会議運営ができても、そこで合意形成を図り、一定の結果を出すためには、①どのように展開して、②誰に発言を求めるか、③最終決定に関しては、どのタイミングで責任者に発言を求めるかなど、ある程度のシミュレーションが必要になります。事前にこれら①②③を想定した進行イメージをもつことが、司会進行のコツであり、スキルとして備えておくべきでしょう。

合意形成力（一致を試みる）

理解・姿勢

1 合意形成とは——風を集めて帆を張り、舵を取る

　合意形成とは、多様な利害関係者の意見の一致を図ることといえます。つまり、意見の一致を図るためのさまざまな取り組みの過程を示しています。例えるなら、風を集めて帆を張り、舵を取るイメージです。ここでは、あなたの組織内に限定していますので、利害関係がものすごく異なるものではないかもしれません。しかし、交渉力と合わせて、組織内での合意形成ができる力を習得すると、組織内外において、あなたの存在が輝くこととなります。

2 個人戦から団体戦へ

　個人プレーを、走りながら展開させる。いわばサッカーのような業務を日々こなす。地域包括支援センターも居宅介護支援事業所も、そして対人援助と呼ばれる実践現場においては、個々の判断とパフォーマンスの占める割合は大きいと思います。しかし、事業所全体の方向性としては、組織的な力を必要とします。

　例えば、次年度、地域包括支援センターとして介護予防事業の委託を受けて「認知症予防教室」を展開するとします。居宅介護支援事業所として増員をし、利用者を拡大して、さらなる地域展開を考える。これは、個人の判断では決められないものです。なぜならば、財源と人材の確保、法人としてのステータスなど、多様な要因が重なるからです。これらは、個人戦ではなく団体戦にもっていく必要があります。

3 伝える力を豊かに

　「団体戦」をする場合、実現へのステップの1つは、業務内容やその価

値を、事業所内、法人内、あるいは地域全体に知ってもらうことです。まずは、事業所内の理解です。あなたの事業所の管理者は、実践者でしょうか？ それとも事務の人が配置されているでしょうか？ 例えば、管理者は事務局長が兼務、他部署の事務を行う人が、皆さんの事業所の給与計算や諸費用の支弁等を行っている等の場合もあると思います。これらの人々にも、業務内容とその価値を伝えることが重要です。地域包括支援センターならば、毎年の事業報告書で伝達することも可能でしょう。

その際には、苦労についてもやんわりと伝えましょう。一方で、あなたがかかわることで利用者が改善していった事例も伝えましょう。かかわる専門職のスゴ腕も伝える、それを歓びあふれるエモーショナルな表現で伝えられると、かなり有効かと思います。

4 まずは隣の仲間と一致団結を

あなたの苦労も、仕事にかける熱意も、周囲に話してこそ理解が得られます。まずは、自分の業務を語れる環境であるかどうかが大切です。そのためには、私たちが一致団結していないといけません。あなたの隣の仲間、地域包括支援センターなら3職種、居宅介護支援事業所内の介護支援専門員同士が、自らの業務内容とその価値を理解していることが重要です。そうであれば、苦労話や、利用者が改善していく好事例なども、伝達が可能となります。

一致団結は、目的が伴うものですから、自分たちが法人内で良好な位置づけとなる点を確認し合うことも大切でしょう。そのためならば、お互いに手を組むことを了承し合えるはずです。

❀ 社会資源開発力（プランの実現に欠かせない必要な力）

理解・姿勢

① 再確認── 社会資源とは

　社会資源は、アセスメントした結果、導き出されたニーズを充足させ、利用者・相談者の暮らしを改善させることができるものとしてとらえることができます。まさに、プランニングにおける目標達成のために「誰が」「何を行うか」の部分を担う人材や団体や機関、制度等となります。これは、利用者の地域にある社会資源を知らないとプランニングができないことを示しています。つまり、利用者の望む暮らしの実現に向けたプラン作成が難しくなるということです。有効な社会資源を見つけることができないと、プラン作成、つまりは解決に結びつけられない状況が続きます。この状況こそが、地域にない社会資源開発の重要性を物語っています。専門職として大変重要な案件であることを、改めて、私たちに思い出させてくれます。社会資源をいかに開発するかは、今も、これからも、大きな課題といえます。

② 社会資源探しは、より柔軟な頭が必要

　社会資源を「暮らしを改善させることができるもの」ととらえれば、福祉の領域だけでなく、より幅広い範囲で探してみる必要がありそうです。ただその際に、あまりにも探すことに躍起になると、肩に力が入りすぎて疲れてしまいますので気をつけたいところです。できれば、広く興味・関心をもって、楽しんで探すぐらいの気楽さが必要でしょう。面白そうな人やイベント等に、少しあなたのセンサーを傾けるようなイメージです。少し変えるだけで、不思議と情報が入るようになりますのでお勧めです。

　商店街のイベント、警察署の行う子ども向けの教室、生涯学習センターのセンター長、和菓子屋の店長など、何でもよいと思います。まずは、関

心をもつことです。できれば行動につなげて、参加する、声をかけるといったことができると、あなたのネットワークは確実に広がっていきます。

3 実は豊かに存在——人・もの・こと

時折、介護支援専門員やほかの地域包括支援センターの職員から、社会資源が見つからないといった相談を受けることがあります。確かに、複数の課題を抱える高齢者や家族への支援に関しては、さまざまな社会資源の把握が必要となります。あなたやあなたの周りの対人援助職の多くは、有効な社会資源が結びつかないことで、解決への糸口が見つからず悩んでいるかもしれません。実際、私も有効な手立てが見つからず、困った状況のなか、足踏み状態になることもあります。

解決に結びつけることができる社会資源をいかにして把握するのかは、相談援助を行う専門職にとっての生命線かもしれません。それぐらい重要です。

ただ、振り返って確認しなければならないのは、私たち自身が、どこまで真剣に社会資源を探そうとしているかです。もしかしたら、社会資源がないと思い込んでいるだけで、実は知らないだけの場合もあるかもしれま

図表4-6 意識を変える

せん。ですから、あらゆるチャンネルを使って、真剣に探す姿勢が大切です。物事は、見ようとしたときに見えてくるものです。

交渉力（相互理解から始まる）

理解・姿勢

1 交渉を紐解く

　交渉は、ある事柄を取り決めようとして、相手と話し合うこと、かけあいやかかわりをもつこと、あるいはかかわりあいといえます。交渉が、相手があって、取り決めについて話し合うことだとしたら、対人援助職ならば常に行っている行為といえます。しかも、業務を続ける以上、ずっと交渉事を行い続けることとなります。もしかしたら、「交渉力」の文字を見て、少々苦手、難しいと感じたかもしれません。しかし、交渉は、私たちが普段から行っていることなのです。

2 交渉をする側と受ける側

　訪問介護の時間を変更する、デイサービスセンターの利用日数を増やす、住宅改修工事の値段を下げてもらう、緊急ショートステイの依頼をする、初回利用に関する空き状況を確認し、利用者の希望する曜日を確保する…これらはすべて交渉です。これは、私たちが相手に交渉する場合です。新規の相談支援の依頼を受ける、退院支援の依頼を受ける、研修の講師を頼まれる、会議の司会進行を任されるといったことは、私たちが受ける依頼であり、相手から交渉を受ける場面です。

　この場合、交渉する側、受ける側の立場や交渉する相手との関係性によって心持ちが異なることがあります。ですから、常日頃からの関係づくりが重要となります。では、交渉を行ううえで、どのような点に留意が必

要なのでしょうか。

③ 相手のメリットを考える

　こちらが交渉する場合、相手にとってのメリットを考えます。これは、あなたが交渉を受ける立場になった場合を考えると理解しやすいと思います。自分が受けることでどのようなメリットがあるのか。これによって、受けるかどうかを判断していると思います。新規依頼の場合は、「仕事が増える＝負担が増える」ことにつながる可能性があります。しかし、現場的にはそうかもしれませんが、経営の側面では収入が増えます。売り上げを増やしたいと考えているのか、人材不足で仕事が回らない状況なのか、依頼する事業所がどのような状況にあるかの把握も必要でしょう。また、日頃から付き合いがある場合は、相手が何をどう考える人材なのかが把握できているので、相手にとってのメリットも見えてきやすくなります。

④ 交渉の行方は関係性による

　例えば、交渉相手が「大変な状況ではあるが、あなたとの関係をより良好に保ちたい」と考えている場合もあります。このように、関係性はとても大切で、もっと言えば、それは信頼関係でもあります。

　大変な依頼を笑顔で受けてくれる事業所が身近に数多くあるならば、その関係性にこそ、あなたの本質が現れていると思います。そこに至るまでには、たゆまぬ努力が必要とされたに違いありません。

時間配分力（段取りをつける力）

理解・姿勢

① 時間配分力が求められる背景

　現代社会においては、一人ひとりが、多様な業務を限られた時間でこなすことが求められています。なんだか忙しいと感じつつも、毎日を暮らしているのが私たちなのかもしれません。ビジネスの世界では、時間をいかに有効に使うか、その効率性を追求すべく数多くのノウハウが求められています。書店に行けば、「時間術」などの著書を多くの人が読んでいる光景を目にします。それほどに、業務遂行における「時間の使い方が大切である」との認識が進んでいるのです。確かに、私の場合でも、一日のうちに多様な業務をこなす必要があり、時に昼食を食べ損ねることもあります。これなどは、時間配分力が足りない例かもしれません。では、どのようにしたら時間配分を上手にできるようになるのでしょう。

② 時間を使うことは命を使うこと

　少々おおげさかもしれませんが、時間を過ごすことは、命を使うこととイコールです。命が尽きる瞬間に、私の時計の針も時間も止まります。人は、一人ひとりが異なる時計をもっていて、子どものとき、学生になるとき、社会人になるとき、妻や夫になるとき、母親や父親になるとき、命が尽きるとき、それぞれ個々で異なる時を刻みます。その過程で、どのようなことに時間を使うかは、私たちの人生を方向づけることとなります。

　時間をこのようにとらえた場合、時間配分力は単なるノウハウではなく、生き方そのものにつながることに気がつきます。忙しさにまかせて流されていると、本来あなた自身がよりよく在るために使うべき大切な時間を失ってしまっているかもしれません。時を配分する、命を何に使うかを選択する、この命題を、あなたも私も、常に自問すべきなのです。

③ 業務は時間軸が異なるものが多い

　今、あなたも私も、さまざまな道のりを経て、対人援助を生業としています。まさに、あなたはこのことに時間を使い、命を使っています。そう考えると、一刻一刻過去になっていく時間はとても愛おしいものであり、大切に使いたいと思えてくるはずです。しかし、業務は待ったなしにやってきます。緊急対応で、一日のスケジュールがすべてふっ飛んでしまうこともあります。

　ですから、余裕のあるスケジュールを組みたいところです。この余裕をもったスケジュールを可能とするためには、多様な業務のなかで、①すぐにやるべきこと、②少し間をあけても大丈夫なもの、③かなり先まで時間があるものなど、時間軸が異なるもの、言ってみれば、締め切りがそれぞれ異なる業務を仕分けてスケジュール化していくことが求められます。すぐにやるべきことは、記憶するよりも先にこなす必要があります。しかし、会議の資料づくりなど、ずっと先に締め切りがあるような業務は後回しにしがちですが、記憶しておかないと忘れてしまう可能性があります。そして、ずっと後回しのまま、締め切りまで着手できず、成果を出せない可能性もありますので気をつけたいところです。

④ 「時間配分力」は「段取り力」

　地域包括支援センターの業務には、即対応の相談も、２週間先の住民対象の講話も、２か月先の認知症サポーター養成講座もあります。また、地域包括支援センターも居宅介護支援事業所も、１か月ごとの給付管理と請求事務もあるでしょう。異なる時間軸の業務をスケジュール化していくことは、行うべき業務の今の段階での優先順位をつけることとなります。これは、どの業種でも必要とされる力です。つまり、「段取り」をつけることです。地域包括支援センターや居宅介護支援事業所に勤務していれば、おのずとこの力が豊かに備わる可能性があります。

✤ スーパービジョン力（対人援助職には欠かせない力）

理解・姿勢

1 改めて、スーパービジョンとは？

　スーパービジョンは、対人援助職者（スーパーバイジー）が指導者（スーパーバイザー）から教育を受ける過程で、指導者が援助者と規則的に面接を行い、継続的な訓練を通じて専門的スキルを向上させることを目的としています。

　面接を媒介にしている点では、面接力も必要とされます。また、対人援助職のスーパービジョンですので、スーパーバイジーがかかわる事例を通じて継続的な訓練を行うこととなります。つまりは、事例に関する幅広い知識も必要となります。

2 あなたがスーパーバイザーに

　対人援助の場面では、多くの葛藤をもつことがあります。援助に明確な正解がないぶん、自らの援助に関する他者の評価等も必要となります。言ってみれば、鏡みたいなものでしょうか。私たちは、自分の顔を見ることも、自分がどのような表情をしているのかも、何もなければ見ることができません。そこで、鏡が必要となります。その自らを映し出す鏡の役割こそが、スーパービジョンです。スーパービジョンは、その枠組みとして、相談を受けるあなたをスーパーバイザー、相談する対人援助職をスーパーバイジーと称して、その関係性を論じたりしています。すでにスーパーバイザーの役割を担っている人、今はまだ予定はないものの、後々、その役割が求められる人など、置かれた立場によって必要性は異なります。今、あなたがどのぐらいスーパービジョン力を必要としているかにもよりますが、対人援助職においては、今も、これからも、最も必要なスキルの一つといえます。しかし、相手があって始めて成立するものなので、

一足飛びに習得できないジレンマもあります。

③ スーパービジョンの風景

相談援助のプロセスで発生する、迷い、困惑、苦悩等。困って、あなたのところに相談という形で訪れます。そんな相手に向き合うとき、どのように接するでしょうか。

スーパービジョンの始まりの場面

「あの…すみません。少しご相談が…」

① 支援経過を記録中で、ちょうど乗ってきたところだったので、パソコンに目をやり入力しながら、「どうしたの？　なにか困りごと？」とそっけなく返事をする

② 支援経過を記録中で、ちょうど乗ってきたところだったけれど、手を止めて、相手の目を見て、「何か大変そうですね。よかったら話してください」と促す

多分、②の人が多いと思います。しかし、多忙な私たちにとって、時間は数分たりとも惜しいものです。この場面の場合、人材育成という重要な役割を果たすべく、あなたの時間を、目の前の困っている部下、あるいは後輩に使うことが望ましいでしょう。

④ あなたとスーパーバイジーの関係性が、スーパーバイジーと利用者の関係性に似てくる

ここで大切なことは、目の前の部下、あるいは後輩が困っているときに誰かに受け止められたという経験をもつことです。その経験は、やがて自身でも利用者を受け止めることができる力を育んでいきます。この関係性こそが、スーパービジョンの重要かつ必要な要素となります。このようなスーパーバイザーとスーパーバイジーの関係性が、スーパーバイジーと利

用者の関係性に相似する過程を、パラレルプロセスと呼びます。スーパービジョンの重要性を改めて考えさせられる要素であり、私自身も、普段から職場内の仲間や部下との関係づくりに留意しています。

コンサルテーション力（専門知識を伝達する）

理解・姿勢

① 専門職として相談に乗る

　「コンサルティング」とは、語義的には「相談に乗ること」であり、「業務遂行のために特定の領域の専門家に相談すること」と定義されたりします。あなたは対人援助の専門家として、他者から相談を受ければコンサルテーションをしていることになります。つまり、いつもコンサルテーションをしている可能性があるということです。

② 幅広い情報収集ができる職業

　あなたの業務を振り返ると、一日のうちで、利用者宅を訪問し、生活情報を得ます。そこでは、「また近くのお店が閉店して買い物に行く場所が減った」といった新たな困りごとについても聞くかもしれません。あるいは、デイサービスセンターの利用者に会いに行くと、そこで農作業をしている姿に遭遇し、嬉しくなることもあるでしょう。また、事務所に戻ると、訪問看護ステーションのスタッフから電話で「利用者の病状が安定してきた。新しく処方された薬が有効に効き出したからかもしれない」といった情報を得ることもあるでしょうし、昼食時に、職員から「利用者と手芸サークルの会長である〇〇さんが友人だった」「町内会長に会えて、とても熱心にゴミの収集に関して取り組みを考えている人だとわかった」といった情報を得ることもあるかもしれません。業務において、広範・多

103

様な情報収集を可能としていることがわかります。これが、あなたの強み
なのです。

③ さまざまなアイデアに出会えることに

　例えば、先ほどのデイサービスセンターが行っている農作業は、面白い
取り組みです。利用者の薬についても、主治医、薬剤師や訪問看護師を交
えた連携において有効な情報です。新しい薬の効力を確認できたことで、
ほかの利用者が同様の疾病等の場合、治療の可能性が広がります。ゴミの
収集は、一人暮らしになると、まして高齢になると、非常に困難になりま
すが、熱心な町内会長という協力者が見つかったことは、とても心強いこ
とです。

　このように、多様な場面のそれぞれ異なる事象ですが、掛け合わせるこ
とで新しいアイデアが浮かんでくる可能性を秘めています。日頃、買い物
をしていた店の閉店は、移動販売車の可能性を広げます。デイサービスセ
ンターでの農作業は、その道に長けた人材が地域にはいそうです。医療連
携は、薬剤師等との薬を媒介にした連携が有効となる可能性があります。
利用者の支援者に手芸サークルの会長である○○さんが加わってくれれ
ば、そこを起点としてほかの利用者にも訪問手芸サービスが提供できるか
もしれません。このように、広範・多様な情報収集は、多彩なアイデアを
生み出す源泉となるのです。

④ 同職連携は、他職種連携よりも進んでいない

　あなたがコンサルテーションをする相手は専門職が多いでしょう。例え
ば、ホームヘルパーやデイサービスセンターの職員などでしょうか。しか
し、現状、同職種間の連携はあまり進んでいません。先ほどの農作業を行
うデイサービスの存在などは、同じデイサービスセンター間では認知され
ていない可能性もあります。あなたはこの例のように多くの事業所のよい

104

点を熟知していますので、情報提供をすることが可能です。仕事の性質上、多様な情報を得る立場にあり、その情報をもって専門職に助言することは、有効なコンサルテーションとなり、事業所のケアの質の向上に寄与することとなります。このことで一番得をするのは地域住民です。なかでも、認定を受けた要支援者や要介護者であることを思うと、果たすべき役割は大変重要だと思います。

コラム ⑤

ビジネスマナー本で学ぶ

🍏 社会のマナーには、研修やマナー本を活用

コラム4までで、いくつかのマナーをご紹介してきました。

これらを習得する方法としては、研修があれば積極的に参加するのも一つですが、ビジネスマナー本を手元に置き、一読した後に、必要に応じて読み返すということでも十分習得できるものです。

🍏 社内独自のルールも、早く把握を

社内独自のルールにおいても、じっくりと教えてもらえる職場はまれでしょう。訪問に出たり、電話応対をしたり、事務作業に忙殺されたりで、職員間で落ち着いて話をする時間を取りにくいのが実情です。話したいことや質問する事項をあらかじめ自分のなかでまとめておき、先輩の手の空いている時間や移動時間など、ちょっとした時間を使って、できる限り相手に負担のかからない形で話を切り出すとよいでしょう。

もし、時間をかけて話し合いたい内容ならば、前もって打ち合わせの時間をスケジュールに入れてもらっておくこともお勧めです。

🍏 改めて社会人であることを自覚

一般的な社会のマナーも、社内独自のルールの把握も、社会人であるからこそ求められるものと言えます。多くの事柄を覚えることは大変ですが、それもこれも、あなたが社会人であるからなのです。

その自覚を早期にもつことが、一番の近道となると思います。ぜひ、頑張ってください。

第 5 章

個人としての支援スキルを向上させる

個人としての支援スキルを向上させる

　前章では、対人援助職に必要とされる11のスキルの基本的理解として、概念や視点、考え方、心構えなどを大きくとらえました。本章からは、対象を個人・組織・地域に分け、より詳細に、皆さんが必要とするスキルを習得するための姿勢・視点、工夫等のスキルを紹介します。

　本章は、個人を対象としたスキルです。

♣ 面接力（関係をつくる力）

姿勢・視点

1 面接は出会い

　あなたが何度も面接を経験しているのであれば、今さら何をと思うかもしれませんが、私は、改めて面接は「出会い」であると実感しています。さまざまな出会いが、私たちを豊かにしてくれます。出会いは大切にするべきです。

　私たちの業務における面接は、単なる出会いではありません。相談者は悩み、困惑し、不安を感じている可能性が高く、相談者自身が置かれている状況からして、特異な出会いとなっているでしょう。このことから、私は今でも初回面接は緊張します。相談者も、面接で現れる人物がどのような人なのだろうかと、一定の緊張や不安をもって私たちに向き合っています。

　面接の場面では、以上のような要素を踏まえて臨む必要があります。

2 こちらの心は伝わってしまう

　心は目には見えません。しかし、あなたの仕草や語る言葉の強弱、眼差しの奥の意志によって、心が相手に「見える」ことがあります。私たちが相談者をアセスメントする以上に、相談者も私たちのことを見定めているのです。そして、面接の場面では、私たちと相談者の間に「感情」が流れていると、私は常に思っています。

　感情があるがゆえに、私たちの心持ちが、悩み、苦しみのなかにある相談者には透けて見えている可能性があります。そのことを常に意識することが大切です。悩み、苦しんでいるがゆえに、相談者が敏感になっている可能性も考慮する必要があります。自己肯定感が著しく低下している人であれば、ちょっとした言葉に大きく傷つくこともあります。イライラしている人であれば、こちらが嫌な気持ちになっていることを敏感に感じ取って、言葉尻をとらえて、過剰に反応することもあります。このように心は、相互作用しながら、感情を増進させる可能性があります。初回面談では、特に留意が必要です。

3 相互作用に留意 —— 相談者と家族、相談者とあなた

　嘆き、悲しみ、苦しい状況、つらい気持ち、誰かに聞いてほしい胸のうち。相談面接の場面では、これらの感情が、時に静かに、時に荒々しく、私たちと相談者との間で相互作用します。この相互作用には、特に意識する必要があります。

　私たちの反応が相手に影響を与えることとなる点で、吟味が必要です。それゆえに、多様な感情を受け止める私たちにも、相応の力が必要となります。これらの多様な感情の受け止めは、相談の窓口として選んでくれた相手に対する尊重や尊敬に近い感情が私たちの基盤にあると、不思議と受け止めることができてしまうことがあります。私の経験上、落ち着いた心持ちで、こちら側に静寂がある場合、うまく受け止められることが多くあ

図表5-1 相互作用について意識的に…

りました。

工夫

1 呼吸が決め手

　心持ちは相手に伝わることを述べました。まずは私たちの状態を整える必要があることがわかります。では、先の心の静寂を導くためにはどうしたらよいでしょうか。それは、呼吸です。呼吸は、私たちの生命を維持させるためのなくてはならないものです。無意識でも呼吸は続きます。しかし、意識して整えることができるのが呼吸です。呼吸を整えることで、心臓の鼓動も整えることができます。私は面接の開始前に、大きく息を吐き、呼吸を整えます。「阿吽の呼吸」「息を合わせる」など、先人たちの知恵に身を置き、大きく、優しく、深く、温かいものに包まれている自分を想像します。複数回の深呼吸は、やがて心に静けさをもたらします。この状態こそが、目の前の相談者が放つ激しい感情を受け止めることを可能とするのです。

2 視点で異なる相談者のストーリー

　面談の場で感じる相談者のパーソナリティが、時にあなたの心持ちをざわつかせることがあります。これは、面談の場面で起きる感情的な葛藤です。平たい言葉で言えば、「この人は苦手」と感じる瞬間です。このよう

図表5-2 リフレーミング（Reframing）とは、その人がもっている枠組み（フレーム）を変えること

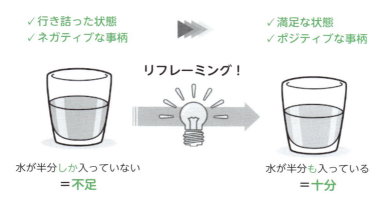

なとき、どのように対処すればよいのでしょうか。

　対応のコツは、自分が相手をどう解釈しているかのチェックです。視点が異なることで、目の前の相談者のストーリーが違って見えるかもしれません。少し枠組み（フレーム）を広げるか、あるいは変えることで、面接における感情的な葛藤に折り合いをつけることが可能となります。

　例えば、相談者を「頑固者」ととらえるか、「何か大切なものを必死に守ろうとしている人」ととらえるか、「優柔不断な息子」ととらえるか、「母親のことを思うがゆえに決められない、そんな葛藤の最中にたたずむ人」ととらえるか。これらの例示のように「見え方」を変えると印象も変わります。

③ フレーム（視点や考え方）を変える

　世の中は、表と裏、右と左、昼と夜など、対を織り成しながら事象が成り立っているものです。

　どちらの側面を見るか、片方だけを見るのではなく、バランスよく両面を視野に入れられると、あなた自身の相談面接への「力量」が格段に上が

ります。できれば、私たちは意識的に相談者のよい面も含めて解釈できるようになりたいものです。そのためには、日頃から思考の偏り（かたよ）を軽減できるように留意することが求められます。その際、私たちがもつべき心持ちは、数ある選択肢のなかから私たちを選んでくれたことへの相手に対する感謝や尊重、リスペクトです。これはとても大切なことなので、繰り返し述べさせていただいています。

　面接では、悩んでいる相談者への安心の提供を第一に置くべきと考えています。これは、私の例で言えば、深く長い呼吸に整えて、相手への尊重をからだの中核に置き、向き合うことで実現させています。

④ 聴き取ろうとしない

　解釈の自己チェックはトレーニングも必要です。まずは、いかに多くの情報を集めることができるかということです。そのためには、相談者が私たちにさまざまなことを語ってくれることが重要となります。それも、少し込み入ったことも含めてです。私たちと相談者の間の信頼関係が築き上げられなければそれは叶いません。こちら側が聴きたいことを質問していく方法は、手っ取り早く、ついついやりがちです。しかし、これは相手にとって必ずしも有効ではなく、なんだか取り調べを受けているような印象を与えてしまいがちです。このように、自分の話を全然聴いてくれないような印象を与えてしまっては、先に続きません。ここでは、相談者の語りをストーリーとしてとらえ、相談者のペースで聴いていく、つまりは寄り添う姿勢を保つことが重要です。そのように聴いていくストーリーのなかに、私たちが知りたい情報が現れてくるものなのです。

⑤ 情報は、主観・客観・顕在・潜在の４つに切り分ける

　集めた情報から、相談者の状況を分析できる視点が必要です。集めた情報については、相談を終えてから整理することを意識的に行うと、相談に

図表5-3 情報の区分け

	顕在	潜在
客観	明確	確認
主観	明確	推測 ⇒ 確認

おける情報収集の技術を格段に上げることができます。具体的には、**図表5-3**のようになります。

　情報は、「客観」と「主観」の2つに大きく分けることができ、さらには、顕在と潜在に分けることができます。客観的な事実とは、診断されている病や要介護認定を受けていること、年齢、性別、住環境、家族形態、経済的な状況などです。このうち、経済的な状況は、私たちを信頼に足ると相手が思わないと教えてくれないかもしれません。そうなると、相談面接の時点では、潜在（まだわからない状況にあるもの）となります。そこで相談者が教えてくれると、顕在（明らかになっているもの）となります。

⑥ 潜在的な情報を紐解く質問のタイミング

　必要ではあっても知ることのできない情報は、まだわからない潜在的な情報として位置づけ、一方で、タイミングを見計らって質問する必要があります。例えば、年金の月額や家賃などはなかなか聞きづらい点かもしれませんが、初回のほうがかえって聞き取りやすい場合もあります。これは、相手の仕草や表情、語る言葉の内容や強弱で、質問できるかどうかの判断が必要となる場面も出てくるでしょう。これらは相手の「からだから発せられるメッセージ」とも言え、それを見逃さないように集中することが求められます。また、一方で取り調べのような印象を与えない留意も必要です。

⑦ 客観的情報をどう受け止めているか（主観）を把握する

　面接では、主観的な情報が重要となります。客観的な事実に対して、相談者はどのように思っているのか、どのように感じているのか、どのように解釈して、どのように変えていきたいと思っているのか。これらの感情を、からだから発せられるメッセージを足がかりにとらえていく必要があります。場面的には、相談者の感情に接近することとなります。

　相談者が朗々と語り、多くの情報を得られる場合もあります。その際にも、思い、憶測、願望など、いくつかの要素に切り分けて把握ができると、後々、相談者の感情を整理する際に有効となります。聞き取りながら、これらを意識できることが望ましいですが、慣れないうちは相談者に承諾を得て、できるだけメモを取って把握することに努め、相談面接が終わった後に整理をすると、よいトレーニングになります。

⑧ 感情は、解決に向けたエンジンになる

　感情は、相談者の課題解決に向けたエンジンになりえます。あなたと相談援助関係を結んだことで、誰かに相談できる安心感によって相談者の心の窓が開かれ、新鮮な空気が満たされる可能性を含んでいます。つまり、援助関係を結ぶことが、即、援助につながっている可能性があるのです。時に私たちは、何もできないと嘆きたくなることもあります。しかし、このつながりや関係性こそが援助となることもあるのです。

　感情は、得も知れぬ難しいものと感じる人もいると思います。一方で、私もあなたも感情を豊かにもっていて、今、この瞬間も私たちを突き動かしています。ですから、対人援助職として、相談面接の場面では、感情への接近なくして援助を深めることは難しいのです。

　感情に関して、いくつかの理解が必要です。 図表5-4 に、主な技法を示します。

　これらの技法のなかでも感情表現を言い換える技法については、少し熟

図表5-4 感情への接近——主な技法

技法	内容
感情表出を促す	利用者が自分の感情を自分の言葉で話し、それを受け止められ、自分のもつ感情に気づく過程を促す技法
感情を表情で返す	利用者の表出した感情を、表情でもって共感的に応答する技法
感情表現を繰り返す	利用者自身が発した言葉による感情表現を、そのまま利用者に返す共感の技法
感情表現を言い換える	利用者が表出した感情表現を、別の言葉に言い換えて返す技法。利用者の表現よりも、より正確な表現で応答することで、利用者自身が自分の抱く感情に向き合えるように支える
アンビバレントな感情を取り扱う	アンビバレントは「好き／嫌い」「行きたい／行きたくない」といった、相反する感情を同時にもつこと。誰もがもつ心の動きである。支援を必要としている利用者は、強いアンビバレントな状態にある場合もあり、特に表に出てこないもう一つの裏の感情に焦点を当てることが求められる

練の技が必要かもしれません。これは、感情表現を繰り返す技法を熟知して使用するなかでみがかれていきます。

　例えば、「自分なんか死んだほうがましだ…」と繰り返す相談者には、この表現をそのまま繰り返すことが適切ではないことは、誰にでも理解できると思います。では、この表現を言い換えるには、どうしたらよいでしょうか。

⑨ 自分の使う「言葉」を意識的に

　いくつかの相談面接の場面では、相談者の言葉の背景、すなわち「なぜ、そのような表現や言葉を使うのか」を見つめて言い換えることが重要です。この場合であれば、「そのように、悲しい言葉を使わなければならないほどつらいのですね」「それだけ大きな苦しみなのですね」「誰かにわ

かってもらいたいのに、それができずに苦しい思いをされておられるのですね」等になろうかと思います。

　少々、経験等も必要ですが、あなたが普段から使用する「言葉」を意識的に吟味することも大切かもしれません。自分が使った言葉、例えば「嬉しい」「悔しい」「頑張ろう」「あきらめない」等の背景を考えると、これらすべてに豊かな感情が流れていることがわかります。それが語彙、すなわち言葉のバリエーションを豊富にさせる近道になります。

⑩ バリエーションのある質問が扉を開く

　先に、情報には顕在（明らかになっているもの）と潜在（まだわからない状況にあるもの）の2つがあると述べました。潜在している情報を顕在化させるうえでは、相談者に投げかける質問のバリエーションが左右します。つまり、相談者が心の扉を開けてくれるかどうかということです。私たちは、潜在している情報に関して、特に主観的なものに関しては推測（推し量り）をして、いくつかの質問をし、言語化（言葉に変える）を図るなかで、アセスメントを行うこととなります。私たちは、普段の相談面接のなかで、推測 ⇒ 質問 ⇒ 言語化を図っているのですが、より意識的になることがよいトレーニングになると思います。ここで、質問は重要な位置を占めてきます。この質問のバリエーションを駆使できるかどうかが、相談面接の質を高めます。相談面接の場面では、「開かれた質問」と「閉じられた質問」に大別する場合もあります。その他の要素も含めて、図表5-5 が具体的な内容です。

⑪ 相談面接を味わい深いものにする

　相談面接は、私たちと住民との出会いの場でもあります。さらに言えば、相談者は困難を抱えています。その状況のなかで、私たちは出会うこととなります。今後、制度改正の方向性によっては、地域包括支援セン

図表5-5 質問の種類

種類	内容
開かれた質問	相談者に多くを語ってもらい、幅広く情報を拾う場合に有効。 例：「その点について、もう少し具体的に教えていただけますか？」 　　「そのとき、どのように感じましたか？」 　　「どのようなことが、悲しい気持ちにさせていますか？」
閉ざされた質問	相談面接の要約等において、内容を確認する際に有効。主に「はい」「いいえ」で答えられる質問。 例：「お話をずっと聞かせていただきましたが、今、○○さんが一番困っているのは、一人で入浴することができないことですね」「今のままでは、介護保険のサービスを利用したくないというお気持ちにお変わりはないですか？」
選択肢を選ぶ質問	A・B・Cのなかから、どれを選択するかを指し示す内容。 例：「今の○○さんは入浴が難しいとお考えですね。ご提案としては、①自宅でホームヘルパーさんに介助してもらって入浴する、②デイサービスセンターに通って入浴する、③浴室に手すりを設置し、高さのあるお風呂用のイスを購入して、ご自身で入浴できる環境を整えるの3つの方法があります。いかがでしょうか？」
数字で答える質問	満足できる生活を10点とした場合、今は何点かを尋ねる質問。 例：「○○さんの望む暮らしを10点満点とすると、今、何点でしょうか？」⇒「4点くらいです」 　　「では、1点上げて5点にするには、何が必要でしょうか？」
今までの対処へのねぎらいの質問	コーピング・クエスチョン。相談者の今までの対処をねぎらう質問。 例：「今までどうやってお一人で、問題を悪くさせずにやってこられたのですか？」「今まで、誰の手も借りずに頑張れたのはなぜでしょうか？」
よい例外探しの質問	例：「普段の暮らしのなかで「痛い」と思わないですむ時間はありますか」「お酒を飲まなくてもよい時間はありますか」
意欲低下等の人に伺う質問	マジカル・クエスチョン。 例：「もし魔法が使えるとしたら、何を叶えたいですか？　何がしたいですか？」 　　「今夜、魔法が起きて、あなたの悩みがすべて解決した場合、次の朝、何をもってそれが起きたとわかるでしょうか？」

ターの場合、障害や児童など他領域の対象も含めた、地域でのワンストッ
プな窓口機能が求められてきそうです。

　いずれにしても、私たちは相談者とともに、先に灯りをともしながら歩
む存在であることに間違いはありません。面接では、相談者と私たちの大
切な時間を共有することとなります。高齢者の場合には、その時間が限ら
れている可能性もあります。だからこそ、私たちとの邂逅は大きな意味が
あり、尊いものでもあります。相談者との出会い、めぐり逢いは、あなた
の仕事に何らかの意味と価値をもたらすものととらえることをお勧めしま
す。それが、おのずと相談面接を味わい深いものにしていきます。

12 「時が満ちる」ことを理解する

　最後に、「時間」について考えてみます。相談の場面では、「何かをしな
ければ」と焦ることもあるかもしれません。度重なる相談を経ても、目に
見えた結果や成果が表れてこない場合には、こちら側も「どうにかして」
「なんとかしなければ」と考えがちです。しかし、こちら側の焦りが相手
に伝わってしまう可能性もあります。

　一つには、時を重ねる必要性を、言い換えれば、時が解決してくれる可
能性を信じることです。少し落ちついて、相手を見つめ、その内側にある
力を信じて待つ姿勢が大切です。

　ある程度の時を重ねることで、事態が少しずつ変化していくことは、私
の経験上でも多くありました。相談の解決には、ある程度の時間が必要で
あることを意識すべきです。そうすると、面接の場面で、あなたの心持ち
もずいぶんと変わると思います。

　それが、あなた自身を大きく、優しく、強くしてくれると思います。

> **まとめ**
> - 面接の場面では、こちら側の気持ちが相談者に伝わる可能性がある
> - 相談者と対人援助職は、感情を媒介に相互作用を引き起こす
> - 相談者のどこを見て、どのように解釈しているのかの吟味が必要。強みやよい面も見つめる
> - 情報の整理　客観・主観　顕在・潜在
> - 推測と質問と言語化を繰り返すことで、理解が深まる

アセスメント力（宿る力を見抜く力）

姿勢・視点

1 何をみる（見る・診る・看る・観る）

　私たちは、アセスメントで何を「みて」いるでしょうか。利用者全体の風景を「見る」、利用者の病理を「診る」、利用者の支えるポイントを「看る」、人生という舞台で演者としての利用者を「観る」。どれも重要であり、かつ、利用者を理解するうえで必要なものばかりです。このいくつかの「みる」は、アセスメントシートにないものもあります。演者として利用者を観る視点は、こちら側に意識がないとシートの項目から読み取ることができないものです。アセスメントの場面で、利用者を理解できない場合には、この視点の欠落がある可能性を考えるべきでしょう。このように、「みる」の複数の目がなければ、利用者のニーズを「見立てる」ことができないか、もしくは見誤る可能性があります。

2 アセスメントは鏡

　アセスメントは、利用者を映しだす鏡です。利用者自身も気がついていないところも映し出します。ありのままのすべてを映し出しますので、利用者にとっては見たくないものも映し出してしまう可能性があります。その部分をどのように伝えるかは、留意する必要があるでしょう。

　一方で、利用者自身も気がついていない「強み」も映し出します。映し出された強みをもって、利用者が感じている自身の物語とは異なる物語を、私たちは利用者に語りかけることができるのです。例えば、リウマチを患う一人暮らしの高齢者のアセスメント場面です。

> 利用者：「私はこんな歳になって、一人で暮らしていて、痛みもあるし、いいことなんて何もない」
>
> 支援者：「おからだを患いながらも、お一人で暮らす力をもっていらっしゃるのは、皆のお手本になるかもしれませんね」

　アセスメントは鏡です。利用者自身が気づいていない強みを伝えることで、自身の異なる物語（アナザーストーリー）に気がついてもらえるかもしれません。私たちが行うアセスメントは、利用者も気がつかない「よいところ」をも映し出す鏡でありたいものです。

3 アセスメントでプランも異なる

　アセスメントの面接場面では、本人だけでなく、介護者の思いも交錯します。介護者が、時に声が大きい場合もあって、利用者の思いよりも介護者の意向が色濃くアセスメントに反映されてしまう可能性があります。

　例えば、「とにかくデイサービスに行ってもらわないと私が困るんです」と、目の前で家族から強く訴えられたとします。介護者のレスパイトも重要なので、地域包括支援センターの職員として、またケアマネジャーとして、双方への働きかけは難しいところですが、思わず「Aさん、デイサー

ビスに行きますか？」と問いかけると、Aさんは控えめに「はい」と答えました。そのままサービス利用が決まってしまうようなケースもあります。このような、Aさんの本心が見えないまま、介護者の意向による「我慢を強いるプラン」では、いつの日か、Aさんがサービス拒否を起こすような未来を映し出してしまいます。

初回面接の場面で、仮に介護者中心の関係づくりをしてしまうと、まだAさんとの信頼関係という架け橋がつくれていないため、「本当の気持ち」は語ってもらえないでしょう。そうなると、的確なアセスメントをすることは難しい状況となります。このように、アセスメント不足によるプランニングになりかねませんので、気をつけたいところです。

④ 本人のいるところから

利用者への深い理解を進めるために情報収集をして、分析を行う。これがアセスメントの「見立て」となります。

ここでは、面接のところでも示した、情報に関する整理が必要です。情報には、「客観」と「主観」な情報があります。さらには、それがすでにわかっていて「顕在」している場合は、手に入れることが簡単です。アセスメントの場面では、まだわかっていない情報（潜在）の収集こそが、利用者の深い理解につながることとなります。特に、主観的な情報（気持ち）で、まだわかっていないものは、こちら側の推測（推し量る力）も重要となります。ここで大切にしたいのは、利用者を主体に本人のいるところからアセスメントを始めていくことです。

工夫

① 「もしかしたら」の仮説を考える

対人援助職には、質問のバリエーションを意図的に使用しながら、一方では、相談者の置かれている状況を鑑み、何が今、課題の要因となってい

図表5-6 推し量る力——言語化の技術

るのかを推測し、推し量る力が必要となります。言い換えれば「仮説」です。

例えば、「自分が相談者の状況になったらどう思うだろうか？」といった自問や、「なぜ、そのように感じているのだろうか？」といった疑問をもつことです。さらには、具体的な困りごとに関して、あなた自身の生活全般を思い浮かべて対比すると見えてくることもあります。例えば、歩くこと、排泄行為、入浴や洗濯や掃除などの保清のための各種行為、さらには、食事に関して買い物や調理、健康を維持させるうえでは、栄養補給や服薬などの行為です。このように、自分の生活行為になぞらえて相談者の生活全般を把握していくと、より具体的な困りごとが見えてくる可能性があります。相談者のさまざまな場面が想像でき、予測もできること、これが分析であり、仮説立てへの近道になります。

2 「間違っていたらごめんなさい」で始めてみる

アセスメントを利用者のいるところ、つまり利用者を主体としてスタートする場合、主観的な情報として、「今のままとどまりたい」のか「今を変えたい」のかの把握が重要です。そこがまだわからない状況であれば、

確認する必要があります。主観的な情報でまだわかっていないものは、「もしかしたら○○かもしれない」と推測して、質問によってそれらを言葉に変えていきます。まさに、面接力で紹介した「質問力」が問われることになります。

　次のやりとりは、先ほど登場したAさんとの関係性がある程度、確立できて、その心のうちを少しずつ話してくれるようになった後のやりとりです。いつも控えめなAさんに対して、ケアマネジャーが話しかけます。

ケアマネジャー：「Aさん、間違っていたらごめんなさいね。もしかして、デイサービスに行くことがおつらいのではないですか？」
Aさん：　　　　「そうですね…。でも、みんなが行ってほしいみたいなので…」
ケアマネジャー：「Aさんのつらい気持ち、これまで気がつかなくて申し訳ありませんでした」

　このように、主観的な情報で、まだわからないものは感情に深く根ざします。一方で、そこがわからないと支援の組み立てがうまくいかず、アセスメント不足になる可能性があります。そこで、利用者と話すのですが、その際、感情に深く根ざす部分を聴くわけですから、私の場合、最初に「間違っていたらごめんなさい」と謝っておくことをします。また、見逃してはならないのは、Aさんの語る「みんなが」という言葉には、ケアマネジャー、あるいは地域包括支援センターの職員が含まれている可能性もあります。Aさんへのアセスメント（見立て）が異なると、望まないプラン（手立て）を強要することになりかねませんので、気をつけなければなりません。やりとりの最後の謝罪は、本当に心を込めて謝るべきでしょ

123

う。

③「自分だったら」に置き換えてみる

　アセスメントの場面では、Aさんの事例のように本人の気持ちが見えなくなってしまう場合もあります。このように、利用者が見えなくなってしまった際の有効な方法として、自分の身に置き換えてみること、すなわち、「自分だったらどのように思うか、どうしたいか」といった立ち位置に返ることで見えてくることがあります。自分ごとに置き換えることで、感情や情緒も含めて体感できる可能性があります。ただし、あくまでも自分ごとですので、利用者とのズレが生じることもあります。例えば、「自分だったらまずは話を聞いてほしいと思うけれど、利用者は話なんかしてもらってもと拒まれる」「自分ならリハビリをして元気になりたいと願うのに、利用者はリハビリなんてしても何も変わらないと嘆く」といったようにです。自分ならどう考えるか、感じるか、思うかは、当然、私たちの価値観が入ります。しかし、利用者と私とあなたの価値観は、異なるケースが多いはずです。私たちは、生まれも育ちも異なり、人格は別となります。養育の過程で習得する価値観や道徳観も当然異なります。この違いがズレとなる可能性があり、自分ごとで分析してしまうと、場合によっては、利用者を理解するうえで大きなズレとなるのです。自分ならばこうすると思うのに、利用者はそうは思わないのはなぜか。この「なぜ」に、利用者を理解する重要な要素が含まれています。

　この視点をもつだけでも、あなたのアセスメント力は深みを増すことになると思います。

④ ニーズの優先順位を考える

　アセスメントによるニーズの抽出で、いくつかのニーズが出てくることになります。では、次にプラン作成時、どのニーズを優先するべきかは悩

図表5-7 アセスメントについて

ましいことかもしれません。まずは命を守ること、命に近いニーズから優先することが一つの判断基準となります。例えば、病気の再発防止、転倒や低栄養等のリスク回避などでしょう。しかし、ここでの命題は、本人の自由意志と危機回避のはざまです。例えば、安全を優先する場合には、転ばないように自宅にとどまること、一方、本人の意向が「外出したい」であって、それを優先するならば、外出をして歩行の機会をどんどんつくること。ただし、転ぶ可能性はかなり高くなります。本人の意向と現実的なリスクとどちらを選択するのか、ここで利用者の自己決定が重要となってきます。望む暮らしの実現とそれに伴うリスクの提示をして、共に考えることとなります。ここで、私たちが利用者に宿る力をどこまで信じられるかが重要となります。

5 利用者に宿る力を信じる

病気や障害、あるいは家庭環境などによって、利用者は何かをあきらめ

ている可能性があります。しかし、私たち対人援助職も、同時にあきらめ
てしまっているかもしれません。利用者に宿る力を信じられるかどうか。
まずは、私たちに信じる目がなければ、見えるものも見えません。アセス
メントという鏡に宿る力を映し出すことができなくなります。利用者の弱
い部分のみを注視しないで、もっている力の強み、宿る力に注目すべきで
す。もっと言えば、「見抜く力」が求められます。この強みは、単にアセ
スメントを効果的に行うだけでなく、制限のあるなかで可能性を探す行為
であり、利用者の明日を共に描く第一歩となるものでもあります。これが
あって、初めて利用者の理解が可能となります。主観的な情報を把握する
際の問いかけの大切さをお伝えしましたが、容易に語れない背景もあるか
もしれません。あなたの五感をフルに働かせて、利用者を弱めている要因
を嗅ぎ分ける鼻も必要となるでしょう。

6 情報のレンガを集めても、「設計図」がないと家は建たない

　対人援助、特に相談支援を行う場合、駆使する道具の一つに「言葉」が
あります。私たちが常日頃から使用している「言葉」については、道具と
してみがき上げる必要もありますし、利用者の語る「言葉」の背景を知る
ことも重要です。とかく、面接の場面では、アセスメントシートに基づく
聞き取りが中心となってしまいます。そうなると、思考は理論的となり、
なんとなく「聞き出そう」としがちです。しかし、利用者は「私の話を聴
いてほしい」と情緒的です。本当に利用者を理解したい場合には、この利
用者が語る物語に耳を傾けるべきでしょう。

　ですから、情報収集に終始してしまいがちなアセスメントを変えて、本
人のストーリーをとらえることが重要です。いくら情報というレンガを集
めても、設計図がなければ家は建ちません。この設計図こそが、本人の語
る物語（ストーリー）なのです。そこには、利用者を支援を必要とする人
ではなく、人生の舞台に立つ演者として観る目も必要でしょう。私たち

図表5-8 利用者を理解すること

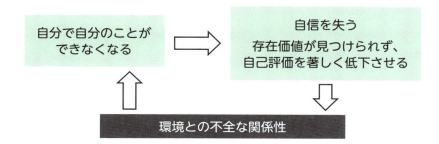

は、利用者の前に静かに立ち、利用者の語る物語に耳を傾け、得られた多様な情報を紡ぎ、新しい明日の可能性を積み上げていくことが求められています。

⑦ その人の「華の時代」を聴かせてもらう

利用者の語る物語には、家族との関係性が反映されている可能性があります。図表5-9は、利用者が歩んだ半生を時間軸で図にしたものです。

家族は、育った家族と築いた家族に大別できます。私たちは、利用者が高齢者の場合、この図の後半での出会いとなります。しかし、人は生まれながらにして高齢者であるわけではありません。生まれて、親に育てられ、結婚して巣立つと、今度は自分が家族を構成していきます。そのなかで、子どもが生まれ、子どもが巣立ち、時が積み重ねられて最愛の妻が先立ち、また一人になるなど、それぞれの物語があります。この図に時代背景を重ねると、より深い利用者理解ができます。特に、男性の場合は、どのような仕事をしていたかなどの時代の趨勢が色濃く反映されている可能性があります。言うならば、人生における「華の時代」かもしれません。

図表5-9 育った家族と築いた家族——時間軸でとらえる

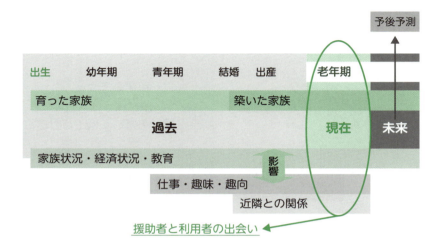

ですから、この聞き取りは、多くの場合、利用者に大変喜ばれます。そして力づけることも可能となるのです。

8 「理解したい」が架け橋となる

　アセスメントは、私たちがより深く利用者を理解する行為です。利用者があきらめてしまっていることがあるかもしれない、例えば、あきらめたことは、病気や障害などのためにもはや叶わぬことなのかもしれません。状況によっては、これらを知り得る可能性もあります。それゆえに、そこも含めて、悔しい、苦しい思いを併せて、私たちは目の前にいる利用者を理解する必要があるのです。

　人と人は、それぞれが異なる人格をもつので、すべてを理解することは難しいものです。「理解したい」という思いを込めたアセスメントは、あなたと利用者の心に「架け橋」を創ります。

> **まとめ**
> - まずは、本人の語る物語(ストーリー)に耳を傾けることを「本人のいるところ」から始めてみる
> - 主観的な情報(気持ち)で、まだわからないものは推測して問いかけ、それを言葉に変える
> - 利用者に宿る力を信じる
> - 時間軸でとらえる。育った家族と築いた家族を理解する
> - 「理解したい」という気持ちが、利用者との架け橋を創る

プランニング力(目標設定と手立て)

姿勢・視点

1 プランがつなぐ——あなたと利用者、今と未来

　プランは言葉で書きます。記載する言葉には、利用者のメッセージを込めます。そのプランは見えます。発しただけの言葉は、心に届くこともありますが、消えていく可能性もあります。高齢者の場合、口頭だけでは忘れてしまうこともありますからなおさらです。書いたものがあれば、家族や他者に見せることも可能となり、そこで私たちの介在を示すこともできます。

　プランは利用者の未来を示します。プランは、未来づくりのためのそれぞれの役割を示し、私たちと利用者を、今と未来をつないでくれるのです。

2 どう描くか

　面接でつながった利用者とあなたの架け橋は、アセスメントという「見立て」によって、利用者が何に困り、その要因はどこにあり、将来どうなりたいのかという相互理解を促します。利用者が、過去にこだわって生きているのか、将来を不安視するあまり今を生きられない状況にあるのか、今の生活をとにかく何とかしたいと思っているのか。つまりは、とどまりたいのか、それとも何かを変えたいのか。プランをどう描くかは、このような組み立てが重要です。

　そのためには、やはりアセスメントで明確にする必要があります。利用者が自分の生活を知らない誰かにかき回されたくないと思っている人ならば、まずは環境整備の視点から、福祉用具と住宅改修の提案などをします。寂しくて仕方がなく、誰かとふれ合いたい、話がしたい人であれば、通所系や訪問系のサービスを位置づける、あるいは近隣の人々をつなげるなど、皆さんも経験があると思います。

3 まずはニーズ

　居宅介護支援事業所で居宅サービス計画（以下、ケアプランと表記）を作成する場合には、ケアプランの第2表に「〜したい」とニーズを表記することが多いと思います。ニーズに関しては、「〜したい」といった表記の仕方よりも、もっと深い要素があります。それは、私たちが利用者や家族をどのように理解し、状況をどのように解釈しているかです。これによりニーズの抽出も異なります。アセスメントの段階で、予測や推測を含めて利用者の現在の状況を見立て、生活上の困りごとや希望、すなわちニーズにピントを合わせていきます。ニーズは、利用者自身が感じているものもあれば、気がついていないものもあります。よって、表層だけにとらわれていては見えてこない場合もあります。

④ 利用者の状況でアプローチも変わる

　例えば、サービス拒否の利用者と向き合う場合に、拒否の表層のみに目がいくと、その姿は「頑固な人」「わがままな利用者」としか映らないかもしれません。ニーズを見る目はその背景に向け、「なぜサービスを拒否するのか」という要因に着目することが重要です。そこには、「自分なんか…」といった、著しい自己肯定感の低下や、サービスを利用しなければならない自分を受け入れることができずに、精神的な葛藤に苦しんでいる状況などがあるのかもしれません。その理解ができれば、おそらくアプローチの方法も変わってくるのではないでしょうか。

　アセスメントの段階で、利用者や家族をどのように理解し、状況をどう解釈するかによって、その後の対応が異なっていきます。地域ケア会議では、このアセスメントを複数の多職種専門職によって行うことで、再度、利用者の状況を解釈し直す作業に重点を置きます。ニーズがどこから抽出されているのかに注目する必要があるのは、この作業があるからです。

⑤ 目標は利用者の希望

　誰もが強くはありません。突然の危機が今までの暮らしを一変させてしまうわけですから、それらを受け入れ、乗り越えていくには、相応の力が必要です。ましてや高齢になった場合には、一人で乗り越えるのは難しいかもしれません。あなたが利用者の相談役として共に歩む道のりは険しく、その人の歩幅に合わせて一緒に進むものとなります。進む方向は利用者が決めますが、あなたからいくつかの提案も必要でしょう。話し合いのなかから見つけた進む方向には、たどり着く頂が必要です。話し合いのなかでは、利用者の家族も含めて、今までの生活や病気や障害により、何をあきらめたのか、こうなりたいと願う希望などの聞き取りが必要でしょう。この頂こそが、ケアプランに掲げる目標になります。たどり着く頂が、希望に変わる可能性は高いです。利用者のいる場所を把握し、とどま

るための目標、変わるための目標、すべては希望なのです。ですから、こ
れらが利用者の暮らしの灯りになることは言うまでもありません。目指す
頂は希望の灯りであり、失ったものを取り戻していく道のりとなるので
す。

工夫

① 迷ったら、改めてケアプランの造り（構造）を意識する

　ケアプランをつくることに迷う場合もあります。その際には、改めてケ
アプランがどのような構造になっているかを意識することが有効です。ケ
アプランの第1表から第3表まで、何をどう組み立てていくのかを確認す
る作業となります。地域包括支援センターで従事している人は介護予防プ
ランの作成、居宅介護支援事業所のケアマネジャーは居宅サービス計画
（ケアプラン）を作成します。地域包括支援センターは、ケアマネジャー
支援の一環で地域ケア会議を開催しますが、ケアプランが読める必要があ
ります。ですので、ここからは、居宅サービス計画（ケアプラン）がどの
ような造り（構造）になっているのかを見ていきましょう。

　図表5-10 は、第1表と第2表の連動性を表しています。第1表には、利
用者自身やその家族の生活に対する意向、その意向を踏まえた課題分析の
結果が記載されています。これが、利用者自身の今後の生活の方向性にな
ります。介護支援専門員は、利用者に働きかけを行いながら、気持ちが落
ち込んでいる場合には、利用できるさまざまな社会資源を提示して、気持
ちが前に向くように促します。そして、利用者、家族、ケアマネジャーの
相互作用のなかから出てきた、利用者からの「～をしたい」「～を叶えた
い」「～で困っている」などの言葉を、生活の意向として明確化していき
ます。

図表5-10 居宅サービス計画（ケアプラン）の構造（造り）

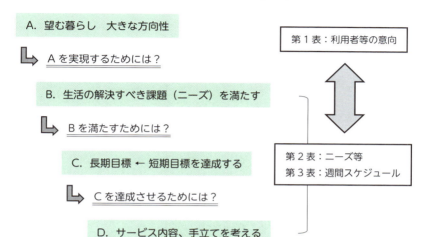

※ A から D は連動している

2 プラン作成のどこに迷いがあるかをチェックする

　ケアプランの第2表にはニーズが掲げられ、そのニーズを解決すべく、目標を立て、いつまでに、誰が、何をして達成していくのかを示します。プラン作成で迷ったら、迷いの源が構造図のどのあたりなのかをチェックすることが有効です。ニーズならば、再度、アセスメントが必要でしょう。目標ならば、利用者の想いに立ち返る必要もあります。多くの場合、この目標設定に迷いが生じるかもしれません。それは、利用者の置かれている状況によって異なる可能性が高いからでしょう。また、利用者の生活向上にぴったりくる言葉が見つからないといった理由もあるかもしれません。しかし、ぴったりの言葉は、改めて利用者と一緒に探すことになります。

③ 目標の立て方 —— 長期は「いずれは」、短期は「まずは」で設定

　ニーズの見定めが終わった段階で、長期的な目標（「いずれは」〜の状況になりたい）と、短期的な目標（「まずは」長期的な目標を実現するための最初のステップ）を設定して、利用者とともに何をすべきかを考えることとなります。

　これらの目標は、利用者の希望でもあります。介護予防プランには、目標を記載する欄が多数ありますが、長期と短期に分けて設定する内容になっていませんので、その理解も重要です。長期目標は、利用者自身が遠い未来に、自身がなりたい状況を掲げます。もしくは、すぐには実現が難しいものの、時間をかければ可能となる目標ともいえます。

④「誰と共に」「どのように登るのか」を一緒に考える

　長期目標は、例えるならば山の頂上です。利用者にとっては、遠い道のりで、一人では到達が難しいかもしれません。そこで、登頂に向けた伴走者が必要となります。ここで、目標達成に向けた多様な道のりと伴走者を提案できるかどうかは、支援者としての腕の見せ所です。

　どのような社会資源（制度・サービス・人材等）をつなげて、目標という名の利用者の希望を具現化させるのか。そこで必要となるのが、利用者の想いです。ここに寄り添える伴走者を見つけることが、プランニング力の中核になります。

　この目指すべき山の頂が設定できれば、あとはどのように登るのかを決めることとなります。目指すべき頂上は1つですが、登るルートは多様にあります。さらには、徒歩、車、乗合バス、ロープウェイなど、手段も多様です。

図表5-11 山頂（目標）までの道のりを「何を使って」「どのルート」で到達するかはさまざま

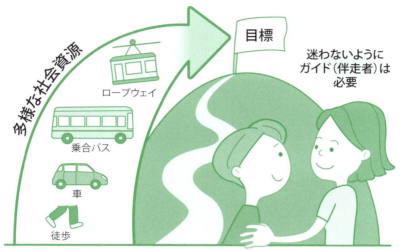

目指す目標（希望）は、利用者のどのような想いから表出されたのかを把握する

5 長期目標達成までの具体的な設定が短期目標

　頂に、どのくらいの時間をかけて登るのかによって、利用する乗り物も、ルートも、異なります。ここで、短期目標の設定が重要となるわけです。ルートも登り方も、かける時間も多様となるわけですから、より具体的な設定をしなければ、利用者自身も何をすべきかがわからなくなります。山登りは例え話ですが、利用者が「自分でトイレに行きたい」ということが希望であれば、「自分でトイレに行けるようになる」が目標です。ここで、「いつまでに」を設定します。「いつまでに」は、ケアマネジャーの見通しとなります。これは、利用者の身体状況や改善可能性、環境整備にかかる時間などの把握から導き出されます。「誰と」は、リハビリテーションでADL向上を目指すのであれば、訪問リハビリテーションか通所リハビリテーション、あるいは訪問看護です。また、自身で運動を頑張る

必要があれば、協力してくれる家族も、目標達成のための伴走者になります。環境整備の場合でしたら、福祉用具担当者でしょう。これらのチーム形成を、ケアマネジャーが提案することとなります。

⑥ 手段を目標にしない

　ケアプランは計画ですから、利用者の少し先の未来を描く意味で、未来予想図づくりといえます。目標がイメージ化、つまり映像で思い描けると利用者も頑張れると思いますが、目標に「手段」が掲げられるとつらくなります。

　例えば、「毎日腹筋50回」といった目標は、ハードルも高く、モチベーションも上がりません。なぜならば、これは手段だからです。何のために腹筋50回をやるのかが思い描けません。よって、目標が「デイサービスに行く」では、手段を目標としていますので、利用者自身も行くことが目標となってしまい、デイサービスセンターでの過ごし方は関係ないということになってしまいます。この「毎日腹筋50回」を、「来年の春までにスリムになって桜吹雪のもと、紺色のスーツを着て歩く」という目標にすると思い浮かべやすいと思います。では、スリムになってカッコいいスーツを着こなすには、何をしたらよいでしょうか。ここにきて、初めて「腹筋50回」となるのです。

⑦ 映像が見える目標をつくる

　例えば、目標の「デイサービスに行く」も、「外出の機会を増やし、楽しくおしゃべりができる」とすれば、会話がはずんで楽しい映像が頭の中に浮かびます。これを実現するためには、どうすればよいでしょうか。ここにきて、初めて「デイサービスに行く」か「近隣の友人に遊びに来てもらう」などの手段を考えることとなります。先に、目標という名の希望の頂への登頂ルートはさまざまであると言いましたが、目標達成について

は、多様な手段から、利用者と相談して選択することとなります。

その際、利用者にとって、先々の自分がどう在るのかを映像的にイメージできることが重要です。設定に迷ったら、再度の聞き取りも必要かもしれません。ぴったりくる言葉を一緒に探すのも楽しいことです。

目標は、より映像で思い描きやすいもので（短期目標は特に）、あとでモニタリングする際に、実現できたかどうかをフォローできる具体的なものが望ましいです。先ほどの目標でいえば、「週に1回以上外出の機会を設け、楽しくおしゃべりができる」を目標とし、週1回以上を数値として入れておけば、短期目標達成の指標として使うことも可能となります。

図表5-12 目標の立て方

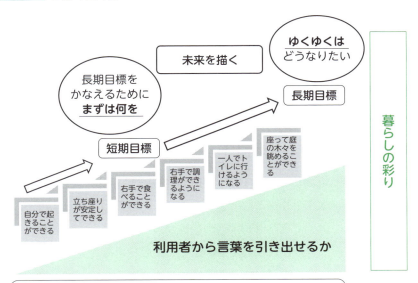

8 短期目標は自分の動作を連想して設定

　長期と短期の目標設定に悩む人は多いかもしれません。本来は、長期目標の設定が先であろうと思います。ゆくゆくはどうなりたいのか、大きな方向性を設定し、そこに至るまでの過程で、クリアすべき要素が短期目標となります。長期目標という頂が高い場合には、そこに至るまでの階段をつくる必要があります。これが短期目標となります。例えば、左半身に重度の麻痺がある人の長期目標を「一人でトイレに行けるようになる」と設定した場合には、短期目標はどうなるでしょうか。

　短期目標の設定は、自分がトイレに行く際の動作を思い浮かべて、連想してみるところから始めます。まずは、①トイレまでの歩行、②扉を開ける、③衣服の着脱、④便座への立ち座り、⑤排泄を行い清潔にする、⑥水を流すの6つの動作について利用者がどのくらいできるのかで目標設定ができます。立ち座りが困難な場合には、まずは立ち座り動作が可能となって、ようやく「一人でトイレに行けるようになる」ことが目標になります。短期目標は、「立ち座りが安定してできる」といったところでしょう。短期目標設定のコツは、普段、自分が行う動作を連想し、利用者がどこまでできるのかを考えると、設定に自信がもてます。

9 利用者の言葉で描く

　プランの言葉は、利用者から出てきたものを私たちが紡ぐことで深まります。突然の危機から、いくつかの制限が利用者の暮らしを曇らせます。ケアプランは、未来予想図として目標を掲げ、希望の灯りを灯すことになります。私たちは、できれば利用者のなかから表現された言葉を拾うセンサーを鋭くしておきたいところです。また、重度で言葉を発することができない人の場合には、重度になる前の暮らしや生活史から推定して言葉を紡ぐことも大切です。その人が、何を大切にしているのかなど、利用者を尊重する気持ちがあれば見えてきます。対人援助職、特に相談援助職は、

支援の道具として「言葉」を駆使します。そして、プランには利用者の「言葉」がとどまっています。

　プランは、利用者の言葉で描くことで、制限ある暮らしに希望の灯りを灯すこととなります。

⑩ ケアの提供は個別援助計画と連動

　ケアプランは計画です。利用者のなりたい状況（希望）を目標として掲げ、その実現に向け、「いつまでに」「誰が」「何を行うか」、すなわち役割分担が重要です。これが明確であると、チームの構成員である居宅サービス事業者も、自分たちが何を目指して、何を利用者に提供するのかが明確になります。ここが、第2表の「長期目標⇒短期目標⇒サービス内容」の記載となります。サービス内容は、短期目標達成のために「何をすべきか」が記述され、それを見て居宅サービス事業者は何を行うかを把握するとともに、より具体的な訪問介護計画、通所介護計画、訪問看護計画などの個別援助計画を立案します。

　2014（平成26）年度の制度改正により、居宅介護支援事業者の運営基準が改正され、居宅介護支援事業所のケアマネジャーは、訪問介護計画や通所介護計画などの個別援助計画を居宅サービス事業所に求めることができるようになりました。

⑪ ケアプラン作成の合同研修会開催も有効

　ここ最近は、居宅サービス計画（ケアプラン）と個別援助計画の連動が注目され、都道府県や市町村の実地指導等においても、その点を指摘されたといった声が聞かれるようになってきました。ケアプランに記載されたサービス内容と期間が個別援助計画に反映されて、直接的なケアの内容がより具体化される方向性です。ケアマネジメントは、チームケアであることを考えた場合、この連動は重要であると考えています。連動に関して

は、普及も進んでいると思います。今後、地域包括支援センターと居宅介護支援事業所が協働して、居宅サービス事業所も交えて、例えば医療介護連携研修の一環でもよいので、ケアプラン作成に関する研修会が開催できると、さらに環境が整っていくのではないでしょうか。

12 利用者・家族の未来予想図を描く

　ケアプランを中心に見てきましたが、介護予防プランについても考え方は同じです。計画は、少し先の未来を描く「未来予想図」です。アセスメントで重視した、利用者のいる場所を把握するところから始まり、利用者や家族と相談して未来を描くこととなります。とどまりたいのか、変わりたいのか、これらは、利用者とのかかわりの時間により異なると思います。初回と更新時では、利用者の心持ちも異なり、プランも異なることとなります。

　状態に大きな変化がなく、比較的安定している利用者の更新時のプランは、今ここで、つまりは、今の生活にとどまりたいという気持ちが強いのかもしれません。加齢とともに心身状態は低下していく可能性が高いなかで、維持をさせるということは、常に向上していることともとれます。目標設定は、「○○を維持させる」が主流となるかもしれません。しかし、それが利用者の希望する未来であれば、描くことに躊躇はいりません。

13 心身機能低下のなかで「維持」を目標にする意味

　「○○を維持させる」の前に利用者の願いを入れることに配慮されたケアプランは、とても尊く映ります。例えば、目標が「大好きな家族と一緒に生活が続けられるよう、自分で起き上がりができる力を維持させる」です。少々長いですが、更新時に、このような利用者の願いが込められた目標が書かれたケアプランを一緒に考えられることはすごいと思います。その時間は、すでに利用者や家族の背中を押し、介護者にとっては、大変な

介護の状況にあっても、改めて家族の大切さを共有できる時間となるでしょう。

　ケアプランは、利用者の言葉で希望の灯りを灯し、利用者と家族と関わる主治医、デイサービス、ホームヘルパー、訪問看護師などの専門職をつなぐこととなります。さらに、少し先の未来を見据えて、さらにはかなえられる未来を見据えていますので、今と未来をつなぎます。皆が前を向ける未来予想図、それがケアプランであり介護予防プランなのです。

> **まとめ**
> - 利用者のいる場所を把握する
>   とどまりたいのか・変わりたいのか
> - 目標は利用者の希望
>   利用者の生活に灯りを灯す
> - 居宅サービス計画（ケアプラン）の造りを把握する
>   ニーズ⇒長期目標⇒短期目標⇒サービス内容で連動
> - 長期目標に「階段」をつくる短期目標
>   より具体的でモニタリング時に評価できるものが有効
> - プランは利用者や家族の「未来予想図」
>   目標は皆をつなぐ。未来に向けて、皆が前を向けるように

コラム ⑥

支援困難と思われる場合でも引き受けてみる

🍏 認知症の母親と精神疾患の息子の物語

支援困難と思われる事案にも、飛び込んでみると見えるものがあります。

以下は、私の経験した物語です。

ある日、ケアマネジャーから相談を受け、かかわることになったケースです。こだわりの強い認知症の母親と、ほぼ無収入の息子との二人暮らしで、経済的に非常に困窮している家族でした。息子には精神疾患があり、一般就労を目指しても採用に至らなかったり、採用されても、母親の通院介助や介護ストレスによる体調不良などで欠勤が続いたりして長く続けることができません。二人の一か月の収入は、母親の遺族年金の約９万円で、財産は特にありませんでした。母親には娘も一人いるのですが、仲たがい状態で支援を受けることはできません。生活保護の申請を検討できる状況ですが、母親が頑なに申請を拒否し、かかわり始めた当初は、介護サービスを利用する費用どころか、食べるものを買うお金もないような危機的状況に陥っていました。

🍏 ピンチをチャンスに！　恐れず飛び込み、もがきながらでも泳いでみる

このケースは、認知症の母親の問題だけでなく、息子や娘など、家族間の問題や経済的問題、そして適切な制度につながっていないという、いくつかの課題が重なったケースでした。

支援困難事例の発生要因である、①個人的要因、②社会的要因、③不適切な対応が生じているの３つすべてが当てはまる、まさに支援困難事例でした。

いかがでしょう。このようなケースを目の当たりにすると、何から手をつけてよいのかわからなく、また手をつけることも恐ろしく、先輩職員にケースを引き継ぐ人もいるかもしれません。確かに、対象者は支援者が誰であれ、問題が解決されればよいものなので、適切な支援者につなげるということが彼らにとって一番幸福なことかもしれません。あなたなら、どうするでしょうか。

私は、あなたにも支援困難といわれるケースを頑張って引き受けてもらいたいと願います。大変さが想像できますが、それこそが宝となるはずです。

第 **6** 章

チームとして機能する
強い組織をつくる

チームとして機能する強い組織をつくる

　対人援助職の場合、組織に所属して業務を行っている人が多いと思います。個人の力量を高めることは重要ですが、所属する組織が強くなれば、そこに所属する皆さんも強くなれるでしょう。
　本章では、チームとして機能するための組織力をアップさせるためのスキルを紹介します。

❀ ネットワーキング力（つながりづくり）

姿勢・視点

1 一人ひとりがつながる理由（わけ）

　つながりは、社会生活を営むうえで大変重要です。私たちは一人では生きていけないので、なんらかのつながりを求めて行動するか、自ら創り出すかをしています。例えば、どこかに所属することでつながりを創ることもしているでしょう。また、地域のなかで、知り合いを創っていくこともしていると思います。それは、私たち一人ひとりは弱く、一人では生きられないからです。こと利用者においては、このつながりを自分で創れない人もいます。つながりが少ないために支援を必要としている人が多いとすると、どうにか自分でつながりを創り出せるように支援をしたいものです。
　その際には、時に私たちがもつつながりを利用者に貸すことも必要とな

るでしょう。そのためには、私たちがもつつながりを、いかに豊かに保つことができるかが求められます。

② ネットワークがなければプランは立たない

　専門職の場合は、このつながりを創ることを「ネットワーキング」と称することがあります。あなたが一人で何もかもをできるならばこのネットワーキングは必要ないでしょう。しかし、それは無理な話です。なぜなら私たちは対人援助職であり、特に相談援助を行う専門職として、ネットワークの多様さが業務そのものを左右するからです。私たちは、業務の入口となる面接やアセスメントの力量を高め、解決に向けた手立てとしてプランニングをします。このプランにおいて、私たち自らが入浴介助や住宅改修を行うわけではありません。相談者の希望を目標で表現し、実現に向けて多様な社会資源をつなげていくこととなります。この多様な社会資源を知っている、あるいはもっている、この状況がなければプランニングができないことは容易に想像できます。

③ 利用者にネットワークを貸す

　私たちの行う相談支援は、利用者に自らがもつネットワークを貸して、あるいは自らがもつネットワークの中心に利用者を据え変えて、必要な人材・機関・団体をつなげていくことともいえます。私たちがもつネットワークのサイズ（大きさというか、多様というか、いろいろですが）によって、提案の幅は異なります。

　図表6-1 は、有効な仲介を示しています。仲介とは、相談支援の最初に行う可能性の高いもので、利用者の希望に沿って、実現を可能とする社会資源と利用者の間に立って紹介し合うことです。私たちが普段から行っている行為ですが、どれだけ大きなネットワークをもつかで、提案の幅が異なることがわかります。

図表6-1 有効な仲介：対人援助職のもつネットワークサイズに左右される

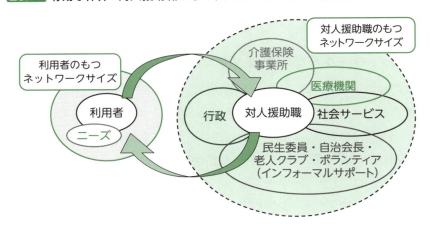

4 勇気をもって、一人で始める

　私たちは、自らがサービスを提供するのではなく、提供してもらえる人材や機関や団体をつなげていく職種です。ですから、ネットワーキングは相談支援を行う職種にとって、まさに生命線と言えるでしょう。では、どう創るのでしょうか。まずは、あなたが一人で始めることとなります。一方で、ネットワークですので、一人では成しえません。ネットワークを創る力は、創りたいと思うあなたの強い意志が出発点です。意志の源泉は、利用者支援をより充実させていきたいという希望です。どう創るかを考えるにあたり、よく使われる「ネットワーク・連携・チームワーク」について整理していきます。

5 「ネットワーク」「連携」「チームワーク」、それぞれどう違う？

　現場で使用される「ネットワーク」や「連携」、さらには「チームワーク」のワードについて整理してみたのが、図表6-2 図表6-3 図表6-4 です。以下、説明をしていきます。

図表6-2 ネットワーク：「何かのために」といった目的はあまり強調されない。網の目状につながり広がるイメージ

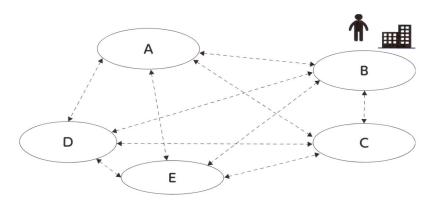

１．ネットワーク

ネットワークは、図表6-2のように、何か目的が強調されない、ゆるやかなつながりが構築され、例えば、①名前を知っている、②顔を知っている、③話したことがある、④相互によく知っているので無理が言えるなどが想定されます。

①の名前を知っている、②の顔を知っているは、豊かなネットワーク形成に欠かせず、勇気をもって「これは」と思う人材に接近し、つながっておきたいところです。

２．連携

連携は、図表6-3のとおり、ネットワークでつながった関係者間で、特定の人材との目的達成のためにより強固につながるイメージです。連携はネットワークに含まれますが、連携を促進させるうえで「目的」や「目標」の共有が必要となります。それに伴って、達成のため、それぞれに役割も発生します。

ここで、私たちにプランニング力が求められます。

図表6-3 連携：目的達成のために、領域を超えて、必要な人材が相互につながり、補う。ネットワークで構築されたつながりは大きな力となる

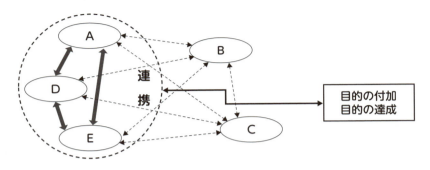

例えば、
　①介護予防プランやケアプランを作成し、利用者のＱＯＬ向上等を目標に、それぞれに担う役割を発揮して達成を目指す
　②事業を実施するにあたって協力体制をもち、それぞれ役割を担う

　上記のような事項を実施することになるので、お互いが「何のために（目標）」「どのような役割を担うのか」を把握することが重要です。

3．チームワーク

　チームワークは、図表6-4のように、連携で強固につながった人材同士が、よりいっそう、目的や目標、さらには事業運営等をうまく運ぶための方法論として用いられることが多いです。

　チームワークは、リーダーのあり方を論じる「リーダーシップ論」や、地域包括支援センター内の3職種連携、地域包括支援センターとほかの機関との機関外の連携、恒常的なものか、一時的なプロジェクトなのかなどにより、その方法論も異なります。そのため、①コミュニケーション能力：相互間の連絡体制の構築、②カンファレンス：意見の抽出と統合のプ

図表6-4 チームワーク：連携でつながった人材が、目的を達成するための具体的な方法論

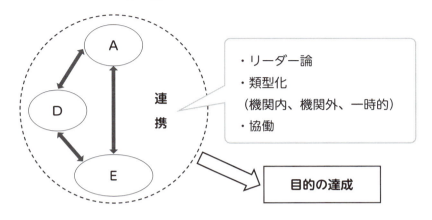

ロセスといったスキルも重要となります。

工夫

1 場面で考えるネットワークの作法

ネットワーク力を上げる工夫として、以下の具体的場面から考えてみましょう。

①多様な出会いで名刺交換をする場面は、印象を残す努力をする。
　笑顔、相手のよい点（服装や時計、印象等）をさりげなく褒める、名刺を工夫する（私の場合、①台紙はクリーム色、②電話番号を大きめに記載、③少しコメントがかけるスペースがある、④主要な資格を記載）等
②会議、研修の場では、この人はと思う人に巡り会えたら、臆せず名刺交換をチャレンジする。
③電話では、「忙しい時にお電話申し訳ありません」「今、お時間大

丈夫でしょうか」を最初に伝える。昼休みの場合は、「昼食時に申し訳ありません」も追加する。

④ＦＡＸは、相手との関係性にもよるが、「いつも助けていただき感謝申し上げます」「頼りにしています」「時節柄、お体ご自愛ください」の言葉を添える。

⑤住民の集まりに参加する。

　　１）初めての場合は、全体の様子を伺い、一番仕切っていそうな人にまずは挨拶をする（声の大きな人）。

　　２）複数回参加の場合は、全体の集団には入らず一人でいるような人に声をかける（声の小さな人）。

② 自分優先の連携になっていないかチェック

　ここ最近、他職種・多職種連携がよく言われます。それだけ必要性が高い、もしくは現場で求められているのでしょう。この多職種による連携では、「共通の目標」のもと、その達成に向けて一緒に活動する、あるいは働くこととなります。しかし、連携をする理由に「自分が楽になるため」が少しでもあると、うまくいきません。連携は一方通行ではなく、双方向によって成立しています。一方通行の場合、連携ではなく仕事や責任のなすりつけ合いになる可能性が高いです。自分の都合優先の連携は脆く、中心にいるはずの利用者が連携の網から転落してしまう可能性があります。「誰のための連携か」を常に心に置き、目標はあくまでも「利用者の望む暮らしの実現」であることを意識すべきです。

③「自分は何ができるか」を伝える

　連携は双方向です。大切なのは、その目標達成において「自分は何ができるのか」を、連携相手に対して明確にすることです。単に「助けてほし

い」「お願いしたい」と相手に何かをしてもらおうとするのではなく、双方向の関係が重要です。

自分ができることを伝える

例：無年金の81歳、男性、同居していた長男が入所となり一人暮らし。服薬にて血糖をコントロールしているが、薬の自己管理が難しく、病状を悪くしている人に対するチームケアを構築する際、訪問看護ステーション所長への依頼

地域包括支援センターの社会福祉士の連携

（無年金なので）「生活保護の申請や福祉電話の導入、一人になってしまったので、民生委員への依頼など、社会福祉の制度利用手続きは私が行いますので、服薬の管理や環境整備については、所長さんにお願いできませんでしょうか？」

---

④ 自分のもつネットワークの人材を大切にする

利用者が望む暮らしの実現に向けて自分は何ができるのかをはっきりさせる、これが専門職としての力量を示します。そして、この姿勢こそが、連携を円滑に運ぶための「信頼」を生み出すこととなります。「思い」（利用者の望む暮らしの実現）が「言葉」（私は〜ができます）を生み、「行動」（連携の実践）を起こします。「行動」の結果に「意味づけ」（自分なりの振り返りや上司の助言）を行うことで、さらに「思い」が深まります。この循環から専門性が蓄積されていくのです。

次に、どのようにネットワークを大きく多様化させるのかが課題となります。連携は双方向であることを述べました。この連携を続けていくなかで、一人の利用者でつながった関係性は強固なものになっていきます。まずは、自らのもつネットワークの人材を大切にすることです。

ネットワークでつながったあなたを信頼する多くの人材が、別の人にあ

なたの話をして紹介される可能性も高いため、重要です。

5 組織のネットワークを借りる

　もう一つは、あなたが所属する法人や機関がもっているネットワークを貸してもらうことです。法人内に人脈を豊富にもつ人がいると助かります。案外知らないだけで、探してみると身近なところにそういう人はいるかもしれません。例えば、先輩の知人のケアマネジャーや、地域包括支援センターを受託する法人内の施設長や事務長、施設のベテラン生活相談員など、周囲を見渡して協力してもらえそうなら、なぜ必要か（利用者の望む暮らしの実現のためなど）を伝えて、知り合いの専門職に電話をして紹介してもらう、行政担当課長に依頼してもらうなどの協力を要請するのも有効でしょう。こうなると、組織的な対応となるため強いです。

6 ネットワークの達人は配慮の達人

　ネットワークの拡大・維持には、「自らのもつネットワークの人材を大切にすること」が必要です。それは、具体的にはどのようなことでしょうか。行うべき配慮を考えてみると、どれも、あなたにとってはすでに行っていることかもしれません。そうであれば、すでにあなたはネットワークの達人です。

1）明るい雰囲気

　人は、元気な声と笑顔に反応します。そして、そんな人のことは、自然と応援したくなるものです。まずは自分から笑顔で元気な声を発信し、接することで、受け取る相手も笑顔を返します。この笑顔と元気な声の相互作用が、大きな効果を生み出します。あなたも、ご自身の経験から考えればおわかりかと思いますが、明るい雰囲気には人を引きつける力があります。

2）フィードバックする

次の文は、あるケアマネジャーが訪問入浴サービス事業所の担当者に宛てたメールの一文です。

> このたびは○○さんの援助をありがとうございます。「おかげで安心してお風呂に入ることができ、助かった」と、とても喜んでおられました。感謝申し上げます。

このエピソードにある言葉には、感謝の意のなかに利用者を喜ばせるサービスの質が高いという「褒め言葉」が隠れています。利用者が直接援助を行った専門職を褒めていた、感謝していたという事柄を、ケアマネジャーが事業者本人に話しているため、この事業者は利用者にもケアマネジャーにもよいイメージを抱くことになります。「連携の中心に利用者を」の視点から考えれば、相当に効果があることがわかります。

3）情緒豊かな FAX・メールは響く

人は感情をもって行動につなげています。相手から応援してもらえる雰囲気づくりを考えた場合、ＦＡＸやメールが単なる用件の羅列だったとしたらどう思われるでしょう。あなたに「応援したい」という感情が生まれにくいことは容易に想像できます。用件の最後には、相手に対する配慮があると嬉しいものです。あなたがどのくらい相手を大切にしているかがよくわかり、そのメッセージは確実に響いて届きます。

ＦＡＸで用件を依頼する場合でも、例えば、「訪問が業務の中心にあって、毎日大変かと思います。爽やかなよい季節になりましたが、朝晩は急に冷えるようになりました。ご無理なさらず、くれぐれもご自愛ください」と文末に入れることで、時期を考慮し、相手の業務について想像し、配慮しているあなたのメッセージが相手の心に響きます。さらには、少し関係ができてきたら、「いつも大変お世話になっています。△△さんへの

支援には〇〇さんが頼りです。季節の変わり目ですので、体調にお気をつけください」などと、頼りにしていることを告げながら、相手の体調管理に配慮する姿勢を記述することも有効です。ここに、さらに「一緒に頑張りましょう」と入れると、より共感を得やすく、信頼関係も強固になっていくはずです。

> **まとめ**
> - まずは一人で始める
> - ネットワークを基盤に連携が生まれる
> - 連携は双方向。強固にするには、自分に何ができるのかを相手に伝える
> - ネットワークのサイズが相談支援を左右する
> - 時に所属の機関や法人のネットワークを借りる
> - ネットワークの拡大・維持は、人材を大切にし、配慮する

会議運営力（会議での合意形成）

姿勢・視点

1 会って協議する意味

　会議は、2人以上が会って協議をする、物事を決めることを指します。ここでは、「会う」ことに意味があります。同じ空間、同じ時間を共有し、お互いに会って顔を見て話をし、最終的に物事を決めることとなります。会議で決めることのよさは、一つだけ、一人だけの意見で決定するのではなく、多様な意見や可能性を吟味しつつ、最終的な決定となる点です。

　これは、責任の所在が個人から複数の会議参加者になることと、多数の

合意による意思決定である点で説得力があります。例えば、「これは私個人の想いではなく、多数が集まった会議での合意です」と伝えられたら、多くの場合、了承を得られる可能性は高いでしょう。

2 求められるコミュニケーション力

　会議運営に関して、その内容や規模によってはコミュニケーション力が求められます。例えば、あなたと私の2人での会議であれば、私はあなただけを意識すれば大丈夫です。では、それが20人の会議の場合はどうでしょう。私は20人のそれぞれの表情を確認しながら事を運ばなければなりません。また、扱う案件によっては、お互いの意見もまとまらず、一つに決めることができないかもしれません。例えば、明日までに自分の事業所を廃業するか継続するかを決めるなどといった会議の司会進行は難しく、コミュニケーション能力が相当に問われます。あなたに課せられる会議運営はどのようなものでしょうか。できれば、この例示のような緊迫感あふれるものではないことを願います。なぜならば、会議運営には、少し楽しむぐらいの感覚が必要だからです。

3 会議って難しい？

　地域包括支援センターの場合、その業務は、多様に重なりあって存在し、同時に遂行しなければならない場合も多々あります。個別の相談支援から、まち全体の体制整備まで、幅広く多様です。実際、私も、一日のうち午前中にいくつかの個別の相談支援を行い、午後にはケア会議を開き、介護支援専門員への支援を行った後、生活支援体制整備のためのまちづくりの会議運営について生活支援コーディネーターと打ち合わせるなど、一日のうちに多様な業務を、場面場面で展開せざるを得ない状況です。頭の切り替えも必要ですし、おそらく自分のなかで、今、どの業務を行っているかの認識がないと迷ってしまうでしょう。個別の相談支援以外では、多

くの人材に動いてもらうことが必要となるので、全員の合意形成や方向性の確認が必要となります。そこで、おのずと会議が必要となるのです。

　何となく「会議は難しい」といった印象をもつわけは、こんなところにあるのかもしれません。しかし本当は、「会議は楽しい」ものなのです。

工夫

1 司会進行は準備で決まる

　会議を進行させるのは司会の役割です。ですから、会議運営は司会進行にかかっています。会議で重要な結論や結果を出すには、相応の力量が求められます。そこで、事前準備が重要になります。

　では、事前に準備すべきこととはどのようなことでしょうか。以下、紹介していきます。

会議開催における事前準備（例）

１）会議の目的を明確にする（情報共有・問題解決）。

　情報共有なのか、解決策を見つけるものなのかを明確にする。

　問題解決の場合、ある程度の見通しをもっておく。

２）目的に即した会議運営の柱をつくる。

　次第のようなもの。以下の例は、問題解決型会議の場合。

　１）会議の議題に関する概要説明を○○さんに依頼

　２）説明に関する質疑

　　　説明について××の部分は伝わりにくい可能性を考えて、最初に△△さんに発言を求める

　３）△△さんの発言を起点に、いくつかの質問を引き出し、その都度、意図を確認する

　４）事業継続に必要な改善策について◇◇さんに提案を促す

　５）出された意見をまとめ、事業継続の方向性で、責任者である□□

部長に意見を求める

3) 事前に会議参加の確認や依頼をする。
  ・上記の会議進行の柱に即し、事前に○○さんに概要説明の依頼
  ・△△さんに会議参加の確認と発言の依頼
  ・◇◇さんにかねてから考えていた改善策の提案の依頼
  ・□□部長に会議資料の確認と当日の大まかな流れを伝達

2 会議は「誰を呼ぶか」で勝負する

　以上のような準備があると、司会進行を安心して行うことが可能となります。ここで重要なポイントは、会議の要所要所で、担う役割に沿って適切な人材に依頼をしている点です。つまり、誰を会議に呼んで、何をしてもらうかで、ほぼ全体の流れは決まるということです。特に、問題解決型の会議の場合は重要です。適切な説明や提案は、最終的な方向性を決定する際の判断材料となります。それを具現化させるうえで、事前準備は重要です。

　対人援助職としてこの会議の事前準備を考えるならば、例えばケアマネジャーや地域包括支援センターの職員が行うサービス担当者会議や地域ケア会議が想定されます。サービス担当者会議でも、遠くにいる家族を参加させるべく調整をするなど、あなたにも経験があるのではないでしょうか。また、地域ケア会議の場合ならば、福祉課の課長に臨席してもらうよう根回ししておくなどです。

　一方、会議の方向性は、その時の意見の内容等により変わる可能性があります。さらには、あまり最初から方向づけしてしまっては、柔軟性に欠ける会議になってしまい、形骸化する可能性もあります。あくまでも司会進行の手助けの一つとして備えておくとよいでしょう。

157

③ 情報共有型の司会進行

　参加者相互のもつ情報を引き出し、共有するタイプの会議の場合は、よりいっそう、参加者一人ひとりに発言を求めるような工夫が必要です。ネットワーク会議や事業企画会議の場合でも、最初は情報共有からのスタートとなります。

司会進行の工夫
1．それぞれの自己紹介の際に、「○○について知っていることがあれば併せてご発言ください」と促す。
2．出てきた情報をホワイトボード等に記入する。
3．全員が終わる頃には、ホワイトボード等に多くの情報が記入されることとなる。
4．ホワイトボード等の情報のいくつかを、発言した参加者に再度聞き取り、深める。1回司会者が行った後に、参加者からの質問等を受けつける。これを複数回繰り返し、その都度、ホワイトボード等にマーカーの色を変えて記入していく。
5．最終的には、ホワイトボード等を見ながら情報のまとめを行う。

　これらは、一つの例です。参加者の情報を引き出すための発言を自己紹介時に行うことと、ホワイトボード等で「見える化」することで、司会進行はずいぶんと楽になるでしょう。最後にホワイトボード等の写真を撮ってプリントアウトし、会議の参加者に配布すれば、簡易ではありますが、会議録も残ることとなります。

④ 会議の参加者に協力してもらえる関係性

　司会ではなく参加者として会議に加わる場合もあると思います。多くの会議は、情報共有型が一般的かもしれません。あなたが参加している会議

はどのような目的でしょうか。参加者として参加する場合は、どのような目的の会議で、司会者は何をしているかを観察できると、とても参考になると思います。

　できれば、あなたも積極的に発言して司会者を助けてあげられるとよいでしょう。なんといっても司会の大変さを一番知っているからです。実は、会議が成功するかどうかは、この参加者の協力を得られるかどうかも大きな要素なのです。参加者があなたに協力したいと思うような会議が、一番喜びも大きいものとなるでしょう。

⑤ 会議を楽しんでしまう

　不謹慎かもしれないタイトルです。しかし、どこか楽しむ感覚があるのとないのとでは、会議運営に大きな差が生まれます。地域ケア会議等で支援困難事例を検討する場合には、ピリピリした雰囲気になりがちです。しかし、深刻ななかでも、検討中の利用者が幸せになっている姿を想像することは、私たちを温かい気持ちにさせてくれるでしょう。そのために、集まった参加者が、自分に何ができるのかを考える瞬間は尊いものです。そして、少し楽しいことでもあります。

　司会進行がこのような明るい側面をもち得るかどうかで、会議参加者への質問や問いかけの方向性が異なります。できない理由を探す方向なのか、どうやったらできるのかを探す方向なのか。私は、どうやったらできるのかが中心の会議を「成功の匂いのする会議」と名づけています。会議の運営を担う私たちに、会議を楽しむ感覚があるのかないのかが大きく影響しているのです。どうせなら、会議を楽しんでしまいましょう。

⑥ ゴールに旗を立てる

　皆さんが悩む会議運営ですが、議事をうまく運ぶ決め手をもう一つ紹介します。それは、会議が始まるときに、この会議の最終着地点、すなわち

ゴールを明確にすることです。いわばゴールに旗を立てることとなります。情報共有なのか、問題解決なのか、役割分担を決めるのか、そして、おおよその終了時間を共有しておくと、終わりの時間までに何をするのかが明確になりますし、参加者の意識もそこに焦点化されます。場合によっては、参加者からの思わぬ提案から、会議がかなりスムーズに進む可能性もあります。

　最終ゴールと終了時間を明確化することは、期限設定と行うべき事案の明確化ができることとなり、漫然とした会議になるリスクを軽減します。

会議の実際　サービス担当者会議

① 新人でもサービス担当者会議の司会に

　業務における会議の運営では、地域包括支援センターの場合でも、居宅介護支援事業所の場合でも、多くの場合、まずはサービス担当者会議の開催、そこにおける司会進行が求められます。しかも、配属された最初から担う可能性もあります。ケアマネジャーの場合は業務に位置づけられていますし、地域包括支援センターでは、業務のなかで介護予防プラン作成がある程度標準化されているため、双方共通して実務が求められます。

　そうなると、皆さんのなかでも、新人や新しい部署に配属されて間もない段階でも会議を開催し、司会進行を務めなければならない可能性があります。

　そうであれば、会議進行に関しては、相当にストレスを感じている人がいるかもしれません。司会進行を担わなければならないストレスが、会議を大変難しいとさせている要因の一つかもしれません。事実、ケアマネジメントプロセスのなかでは、サービス担当者会議の実施が求められていますが、司会進行の具体については、私の知る限り、国の法定研修体系にも多くを含まず、サービス担当者会議の在りようは各自の手法に委ねられているように感じています。

② サービス担当者会議はプランを動かす

　では、サービス担当者会議では、何を行うのでしょう。ケアマネジメントの展開には、アセスメントからプラン作成、さらにはサービス担当者会議を開催して、計画が実行されます。そのスタート時の会議ですので、進行する司会役の役割は明確といえます。それは「プランを動かす」ということです。これは、言い換えればプランの合意形成を創ることを意味します。計画ですので、掲げた「目標」の達成に向け、いつまでに、誰が、何を行うのかを明確にすること、何を行うのかの合意形成を図ることとなります。ポイントは、利用者にわかりやすくプランを説明しながら、かかわる訪問系サービスや通所系サービス、福祉用具貸与事業者等がどのような役割で、何を支援してくれるのかも併せて情報提供することです。参加者全員の目の前にプランがありますので、話は進めやすいでしょう。最終的には、「この計画で、１年間（場合によっては、３か月間や６か月間）やってみることでよろしいですね」といった言葉とともに、参加者の合意を得て、計画を動かすことになります。

③ 初回プランのサービス担当者会議（利用者の横に座る）

　初回の会議は、場合によってはケアマネジャー以外は初対面となります。利用者の横に座って、会議の参加者の表情が見える位置から会議の流れを見つめます。開始時は、参加者それぞれの自己紹介を促し、その後、利用者から今後どうなりたいかなどの希望や要望、今までの大変さなどを語ってもらいます。ここでは、そばに「在る」ことが重要です。利用者の表情を見ながら、時折、こちらの言葉を添えて、利用者の言葉を促し、会議の参加者がプランに掲げられた目標を共有できるように話を進めます。

④ 更新時のサービス担当者会議（発言を促す）

　更新時は、各サービス事業所との関係性もできていますので、初回に比

べて司会進行もスムーズかもしれません。行うことの一つには、今までの歩みを振り返ることがあります。状態が改善しているのであれば喜びを、状態が変わらない場合でも維持は大変な努力が伴ったことを労うなど、司会進行は、各事業所からの感想等を引き出し、利用者の頑張りや家族の支援を話題に言葉を紡ぎ、また、次までにどう頑張るかの目標を検討することとなります。

　促しがなくても会話が弾むようなら、あなたが創ったプランは大成功だと思います。

会議の実際　地域ケア会議

1 ホワイトボード等で描く地域ケア会議

　ここまで、地域包括支援センター職員や居宅介護支援事業所のケアマネジャーとなったら最初に担う会議、サービス担当者会議について述べました。このほかにも、地域包括支援センター職員には、さまざまな会議の司会進行を課せられる場面があります。その際、一番の決め手は、雰囲気づくりです。

　サービス担当者会議は、利用者の自宅で行われることが多く、雰囲気づくりにはそんなに力点を置かなくてもよいかと思います。

　一方、地域ケア個別会議など、自宅ではなく会議室等で行われる会議の進行は、一工夫が必要となります。ケア会議の場合も最終着地点の確認は必要ですが、おそらく会議のなかで、利用者に関して再度アセスメントをし、新たにプランニングするまでを行うので、これらについての標準化は難しいかもしれません。したがって、有効なのはホワイトボード等による板書です。参加者の意見を板書して「見える化」することで、意見の抽出等が有効に行えるようになります。慣れないうちは、板書する人と、進行する人を分けて行うとスムーズです。手順は、出てきた意見をとにかく板書して書き留めるところから始めていくと、そのうち、要点をまとめた板

書ができるようになります。

② 板書能力は議事録の作成で鍛える

　板書のポイントは、会議終了時に板書を写真で収め、場合によっては、その場でプリントアウトして配布することと、会議終了後、再度、板書を見直して議事録を作成することです。議事録の作成は、最初は時間を要することとなります。しかし、作成の過程で、司会進行したあなたの頭の中で会議の流れをおさらいし、書き記していくことで、議論の流れにおける重要なポイントが見えてきます。このトレーニングを繰り返すと、おのずと会議における重要なポイントが絞り込まれたものとなり、また、その場での絞り込みを可能にする板書が描けるようになります。

　地域ケア個別会議の場合は、事例概要を図解等で提示して協議を進めます。あらかじめケアマネジャーから資料提供してもらうことも多いと思いますが、資料を見ながらの会議は、会議の参加者が下を向いてしまいます。できれば全員が板書に目線を上げながら議論ができることが望ましいでしょう。ホワイトボード等の有効性はそんなところにもあります。よって、ホワイトボード等には家族構成や関係者との関係性、利用者自身の能力、現状の課題等を書き出していきます。

　図表6-5 は、地域ケア会議のホワイトボードです。あくまでも例ですので、絶対ではありません。皆さんのやりやすい内容でよいと思います。

③ 司会は板書を見ながら質問を

　このホワイトボードの事例は、夫が病院に入院中で、独居となった妻に被害妄想が現れ、隣人との諍い（いさか）から相談支援が始まったものです。この場合、認知症の進行に伴う記憶障害が影響し、金銭管理が自分でできなくなってきたことが大きな課題となっていました。それらが従来の被害妄想につながり、根本的な解決が必要となって会議を開催しています。

図表6-5 板書の例

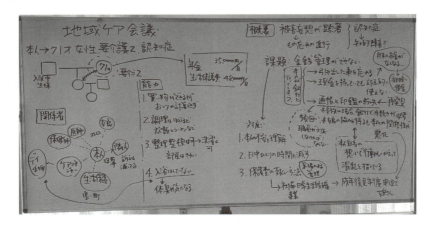

　この会議の中核は、利用者の認知症の症状の進行から記憶障害が起こり、金銭管理ができなくなり、通帳や印鑑の紛失・発見の繰り返しが展開された点です。利用者の不安も増幅され、かかわる職員も疲弊していくこととなり、負のスパイラルにあったといえます。

　この事例の全体像を板書しながら「見える化」をし、必要に応じて強調点を色分けしてみると、話し合うべき論点が明確化できます。大切なことは、参加者への質問と返答から、必要なワードを板書していくことです。慣れないうちは、出てきたワードをすべて書き留めることから始めるのをお勧めします。ホワイトボードの左側に家族構成や関係者、本人の能力等を書き出し、かかわりの中心であるケアマネジャーに話をしてもらいます。以下は、問いかけの例です。

問い「今一番、課題となっているのはどんなことでしょうか」
答え「金銭管理ができないことです」
問い「いろいろと大変そうですね」

「金銭管理ができないということですが、具体的にはどんなことでしょうか」

答え「記憶障害もあり、通帳や印鑑を紛失したと思い込み、銀行に行ってしまい、その都度、対応が必要となってしまうことです」

「銀行にはこちらが関与していることは伝えてありますが、対応についてはそちらでと言われて…」

問い「本人が紛失したと思い込み、銀行に行ってしまうと、その都度、○○さんが対応すべく出向かないといけないのですね」

「そこで、もっと根本的な解決方法がないかと悩んでおられるということでしょうか」

答え「はい、そうです。そこを相談できれば助かります」

④ 会議の最初はアセスメントから

　司会進行者と事例提供者とのやり取りから、ホワイトボードの右側に課題を記載し、その具体例を書き込み、全員が共有できるようにすると、話し合いが焦点化されます。話し合いのプロセスで、前半は見立て（アセスメント）を行いながら（この事例は、かかわる職員間で、概要をある程度共有できていましたので、この場で、再度、アセスメントを強力に進めていません）、後半は手立て（プランニング）を会議の参加者で検討します。出てきたものを板書し、さらに共有すると、話は進みます。

　この会議では、最初に、目的である①「情報共有」と②「現在の中核となる課題の焦点化」と③「手立てを講じる」の３点を確認したうえで始めています。おおよそ１時間ほどの会議でしたが、概要の把握と課題の焦点化、対応策について検討できました。

人が集まって話し合う場を豊かに

1 肩の力を抜いて参加者に委ねる

　会議は、上手に雰囲気づくりや場面設定ができると、参加者の活発な意見から思わぬ展開が生まれたりします。私の場合、まちづくりに関する職員間の会議では、グループダイナミクスにより、会議全体が「成功の匂いのする会議」になる経験を何度もしています。そこでは、かなりの手ごたえを感じ、嬉しくなったりしたものです。会議のなかには、このように楽しいものもあります。肩の力を抜いて自然に参加者の力動に任せられるようになると、会議の主体はあなたではなく参加者の手に戻ります。そこが重要です。そうなったとき、司会進行は全体の流れだけを把握し、確認するだけで進んでいきます。

2 会議でつながった人材こそ大きな宝となる

　会議の主体を参加者に戻すこと。これは、参加者全員が活きることといえるでしょう。大切な時間を割いて会議に臨んでもらっていることを、私たちは忘れてはなりません。お一人お一人の人生の大切な時間を、あるひと時、共にさせていただき、解決策を考え、その実現にかける。これは、大変尊いことです。ですから、会議は最大限に活かす必要があります。そして、私たちは、それを課せられています。司会進行のテクニックの前に、私たちが会議に参加してくれるすべての人に対して、慈しみと尊重、感謝の気持ちをもって臨むことが、最終的には会議をうまく進行させる一番の決め手となると私は信じています。会議でつながった人材こそ、あなたにとって大きな宝となります。

> **まとめ**
> - 会議は誰を呼ぶかで決まる
> - 会議を楽しむ感覚が成功を導く
> - サービス担当者会議は、利用者のそばに座って、利用者の言葉を紡ぎプランを動かす
> - 地域ケア会議はホワイトボード等を使用して「見える化」すると有効
> - 会議でつながった人材は宝。大切に

合意形成力（やっていることを認めさせる力）

姿勢・視点

1 意見をもって方向を合わせる

　合意形成は言葉が難しい印象ですが、お互いの方向を合わせることです。また、話し合いなどで意見を合わせ、同じ方向を向くことです。ここで重要なことは、「意見」をもつことです。意見をもつには、その対象が必要です。例えば、意見なので、「○○について、△△と思う」となります。具体的には、「地域包括支援センターについて、もっと大勢の皆さんに知ってもらう必要があると思う」「ケアマネジャーとして知るべき知識はたくさんあるので、何とかしたいと思う」「この地域では、認知症について住民の意識を高める必要があると思う」などです。そうなると、私たちは、例示の○○に対する意識が必要となります。これを「問題意識」と言ったりします。合意形成を図るには、自身で「問題だ」「課題だ」という意識をもつことが大切です。さらに、「何に」「どこに」対して問題意識

をもつのかも重要です。

② 合意形成が意見を具現化させる

「何に」「どこに」問題意識をもつかですが、例えば、①自分の力量について、②事業所のなかで自分たちの位置づけについて、③自分が実践する地域全体についてなど、対象によってもつ意見も異なると思います。①は自身で解決できることかもしれません。②は職場内での仲間や上司への働きかけが必要です。③に至っては、誰にどう働きかけるかを検討するところから始まりますし、一人では成しえないこととなります。ここで、組織内での話し合いが必要であることに気がつきます。あなたが自身の問題意識を具現化させるためには、自分たちの組織内での合意形成が、何をおいても必要なのです。

③ 「なぜ」を語れる人になる

あなたに伺います。ご自身の仕事内容を他者に語ることができますか？たぶん、こう問われて語れると思う人は多いと思います。それでは、自身の仕事の魅力を伝えられますか？　これは、どれだけ自分の仕事を愛しているかにかかってきます。ここで、難しいと感じた人に伺いますが、「なぜ、あなたはこの仕事をしているのでしょうか？」「この仕事を続けている理由は何でしょうか？」

私の場合は、やはり人が好きだからです。それに、人が喜ぶことが好きだからです。自分がやっていることが世のためになっていると感じると、自然と頑張ってしまいます。また、すべての物事は楽しくないと気分が乗りません。つまり、楽しいからです。あとは、長い間この仕事をしているので、相応の経験があり、若い頃に比べるとうまく回すことができるようになって、それが自信になっています。

出発は自分発で結構ですので、今、私が振り返ったように、あなたもこ

の対人援助職を選んだ理由を考えてみてください。「なぜ」を語るトレーニングです。合意形成に必要な瞬発力は、この自分発の強い思いです。まずは問題意識をもつことと述べましたが、それを時に理論的に、時に熱く、思いの根本にある「なぜ」を、つまりは「必要性」を語れる姿勢が、私たちには求められています。

工夫

① 「なぜ」で風向きを合わせる

それぞれがもつ意見をすり合わせていくことが合意形成です。まずは意見をもつ、問題意識をもつことから始めます。

では、すり合わせるためにはどうするのかというと、合意形成は方向を合わせることですから、お互いの意見のなかで共通する部分と異なる部分を明確化していく作業から始めます。

細かいところでは異なることが多いと思います。例えば、「自分たちの事業所を地域にもっと知ってもらいたい」「まずは自分たちの力量を上げるべき」「事務所のなかでも自分たちの仕事の理解が足りない」などのさまざまな意見があります。これらは、それぞれ異なります。名前を知ってもらうこと、自分の力量のこと、事業所での自分たちの位置づけのことと、それぞれに異なっています。このズレも個人差があると思いますが、それを踏まえて、ここから共通項を見つける作業です。

方法として、それぞれの意見の背景にある「なぜ、そう思うのか」に立ち返ります。この場合、事業所の名前を知ってもらう、自分の力量を高める、自分たちの位置づけを変えたいなどの意見の背景には、「自分たちの業務を広く知ってもらう」ためのさまざまであることに行きつきます。ここで一致団結となるかもしれません。方向ですので大まかでよいのです。例えるならば、風向きを合わせることとなるのです。根拠や必要性といった「なぜ」を語れる人になると、周囲に共感を得やすいことがわかりま

図表6-6 なぜ？　を背景に　風向きを合わせる

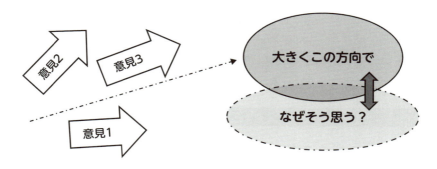

す。共感があれば、そこからつないで合意を図ることは容易かもしれません。あなたが所属する組織内でも、まずは仲間の合意形成から始めて、一致団結してみましょう。

② 流れを創る —— 好循環を創る

　合意形成の手順は、まずは「中核」づくりです。これが一致団結です。そのあと、この中核を中心に、外核で強化していきます。これが、上司や管理者や事務の人への理解を促すことであり、ここまでくると流れが出てきます。このよい流れを止めないための働きかけが重要です。

　会議を開くのも一つの方法です。このような会議の場合、雰囲気づくりが重要です。ここで必要なのは、ファシリテーションの技術です。「場の創設」と、「意見を引き出す」「かみ合わせる」ことを行い、合意形成していきます。先の会議運営でも紹介しましたが、ホワイトボード等を活用するのも工夫の一つです。このファシリテーションを駆使して事業所内に好循環が創り出されると、あなたの業務は見違えるように改善していくでしょう。

③ 周りの理解を得る

　一致団結の中核ができたなら、次は、合意形成、特に事業所内の合意形

図表6-7 公言することがプロフェッショナル

成ですから、周りに、あなたの日々の業務を理解してもらう必要があります。そのためには、組織内の最も身近な上司や管理者の意識を変える努力が必要です。そこで求められるのが、自分たちの仕事を、誰にでもわかりやすく説明できるかどうかの力量です。例えば、機関として業務を遂行する際、求められる「説明責任（アカウンタビリティ）」があります。単に上司に説明できるだけの範疇ではなく、広く自らの業務に関して根拠をもって説明できる準備を常に行っておく必要があります。それこそがプロフェッショナル、専門職と言われるための大きな要素です。

「プロフェッショナル」の語源は、プロフェス（「告白」）を意味する言葉です。ここから、人前で公言する人をプロとして位置づけるようになってきました。この語源からも、きちんと自分たちの業務を説明することは「プロ」「専門職」としての根幹であることがわかります。

④ 法律など、大きなものにアジャストを

自分たちの仕事を説明できる力量が求められています。しかし、それができれば苦労しないと思われる人も多いと思います。説明には根拠となるものが必要ですし、それがあれば自信をもって上司に説明もできるでしょう。幸いなことに、地域包括支援センターや居宅介護支援事業所の場合

は、国の政策でも柱となるものです。介護保険法を根拠としていますので、国が公表した資料や介護保険法の条文から、説明に使えそうなものを自分なりに揃えてみるとよいでしょう。たぶん、かなり有効な資料作成ができると思います。私も、次年度の予算打ち合わせの際には、これらの資料を有効活用して人員の拡充等に役立てています。介護保険制度に関して改正の推移を見ると、中核は包括的支援事業の強化・拡充です。認知症のある人への支援、医療と介護の連携、地域ケア会議、生活支援体制整備と４つの業務が包括的支援事業に追加されています。どれも、地域包括支援センターはもとより居宅介護支援事業所が重要な機関として位置づけられています。これらの必要性を、正面から、国等の資料を使用して説明することは、大きな説得力をもつこととなるでしょう。まずは、実際にこの取り組みを進めてみるとよいと思います。ケアマネジャーは、地域包括支援センターよりも先行して、介護保険誕生と共にありますので、その存在の重要性は周知されている可能性が高いです。介護保険制度の「要」とまで言われていますので、その点を、やはり介護保険制度改正等の資料をもとに説明できる準備をしておくと、とても有効です。

⑤ 現在の業務を法人理念などにリンクさせる

　自分たちの法人等の組織にある理念と自分の業務を重ねて意味づけを行い、組織内の会議等で「見える化」することも有効です。地域包括支援センターや居宅介護支援事業所は、地域包括ケアシステムを構築する中核的な機関です。そして、福祉、医療の各方面で掲げられている理念は、これら地域包括システムと、おのずと人々の支援に関する同じ方向性をもっている可能性が高いと思います。あなたの地域包括支援センターが行政より受託している場合は、法人の理念と重ねてみるとよいでしょう。そこに、現在の業務の有効性を見いだせればしめたものです。きっと、説得・説明は成功するはずです。

行政直営の地域包括支援センターにおいては、地方自治法や老人福祉法上の地方公共団体の責務が明記されていますし、介護保険法上の保険者機能も根拠となるでしょう。

　いずれにしても、現在の業務が大きな流れのなかで、どの位置にあるのかを明確化しておくことは、自身の業務のあり方に迷った際の立ち戻るべき原点として有効ですし、他者への説明に関しても、説得力をもつこととなります。また、自分の業務への道標（みちしるべ）になると思いますし、全体を示す「地図」の役割も果たすでしょう。地図は、長い旅の途中では必需品ですので、ぜひとも備えておきたいところです。

⑥ 上司から「そこまでやらなくてよい」と言われたら ── 背景を考える

　自分の業務を説明し、上司の理解を得ることは重要です。しかし、上司からの「そこまでやらなくてよい」といった言葉はとても厳しいものですし、利用者との板挟みになる可能性もあり大変です。しかし、立場が変われば言葉も変わるように、上司には上司の考えがあるのかもしれません。時として、職員の皆さんを守るために、「そこまでは」とブレーキをかけている可能性もあります。地域包括支援センターを運営している機関全体、例えば地方公共団体として、社会福祉法人として、あるいは医療法人としての全体を考えている場合もあるでしょう。

　また、気をつけなければならないのは、私たち支援者自身が利用者に入れ込みすぎる場合もあるかもしれないということです。自分が正しいという思いも重要ですが、相手のある仕事だけに、感情的に巻き込まれている可能性を検討することは有効だと思います。なぜならば、ブレーキをかけてもらうことで、客観的な視点で現状を把握することが可能となるからです。そのような点検を経た後でも、やはり、上司の制限は建設的ではないと判断した際には、国の介護保険法改正等の資料のような説明ができる資

料集めと作成を行うことをお勧めします。

⑦ あえて「やらなくてよい」の理由を聞く

　人が発する言葉には、なんらかの意味や理由がある場合が多くあります。上司の考え方が、どう考えても納得できない場合には、正面から「なぜ」なのかを聞いてみることも大切です。これは、勇気が必要なことですが、わからないまま葛藤を抱えて悶々としているよりは効果があると思います。このような上司の考えを聞くこと自体に、特に何か罪があるわけではありません。正直に聞くことも大切です。

　本来であれば、上司が部下に向けて、自らの考え方や業務の方向性などを示すことが重要なのですが、コミュニケーションが取れていない場合には、このような不幸な状況を生み出してしまうこともあります。この例示からわかることは、職場内環境においても、日頃からの会話や対話など、コミュニケーションを進める努力が必要であるということです。皆さんの業務をうまく運営させていくうえで、上手なコミュニケーション、おそらく「伝える力」は、職場内でも、職場外の利用者や地域の関係者との間でも、相当に重要な要素であるということがわかります。

⑧ 例え話やキャッチフレーズで伝える力を積み上げる

　伝える力は、わかりやすい言葉で、時には例え話を交えて、最初にイメージが湧くような伝え方ができると有効です。住民にとっては、「地域包括支援センター」という言葉も聞き慣れないですし、固いイメージです。何かわかりやすいキャッチフレーズなどを考えておき、住民や関係機関への説明に使用してみましょう。以下は、例です。

> ・「地域包括支援センターは、地域の人と人をくっつける接着剤のようなものです」

・「包括の「包」は小龍包の「包」と同じ漢字を使います。多くの人と手をつなぎ、地域全体を包み込む仕組みをつくり、おいしい肉汁も閉じ込めるほどの密着した関係づくりを目指します」
・「地域包括支援センターは灯台のようなもので、迷ったりした際の道標となるよう、多くの人の声を拾いあげ、具体化させていく仕組みづくりをしています」

　高齢者や家族が聞いてわかりやすいように、具体的でイメージしやすい言葉で説明ができるよう、事前にキャッチフレーズを考えておくとよいでしょう。

⑨ 地域であなたを応援してくれる人を増やす

　合意形成を得ることは、法人等におけるあなたの位置づけを確固たるものにするために、あるいは、自らの業務を稼働しやすくするために重要です。組織は上下関係もあり、合意を得るためには時間を要する場合もあると思います。合意形成におけるさまざまな取り組みを根気強く続けることが求められます。

　ここまでで紹介したいくつかの方法は、あなたを含む仲間内や上司等への内側からの働きかけでした。一方で、世の中には外部からの圧力等も存在しています。圧力は迷惑な話ですが、外部からあなたを応援してくれる存在はとてもありがたいものです。それも数多く存在すると、それだけであなたの位置づけは変化します。

　地域のなかでネットワークを形成する際、人材を大切にすることが大きな要素になると思います。この人材を大切にすることは、外部からあなたを応援してくれる人材づくりの一つです。専門職だけではなく、地域の自主的な活動をされているボランティアや町内会長や民生委員等、地域からの応援が数多くあるかどうか、言い換えれば、地域の皆さんとどれだけつ

図表6-8 **伝える力の積み上げ**

ながっているかが大きいです。

　これは、あなたの存在感が大きくなり、それだけ一目置かれる存在となっていることを物語っています。地域包括支援センターやケアマネジャーを応援してくれる住民の皆さんの力添えが、あなたの組織内合意を得る環境を整備していくことになるのは間違いありません。

> **まとめ**
> - 自分の仕事内容を説明できる。その魅力を伝える
> - まずは、組織内でも上司や管理者に理解を得る
> - 説明できる根拠として、国の資料を有効活用する
> - 「そこまでやる必要はない」の意味を上司に直接聞くことも有効
> - わかりやすい伝え方が必須
> - 外側に自分たちを応援してくれる人材を多く増やすことが組織内でのあなたの存在を大きくする。発言が注目される

社会資源開発力（どこまで知っているか）

姿勢・視点

1 社会にある資源は多様

　あなたがもつ社会資源のイメージはどのようなものでしょうか。例えば、行政が行う配食サービス、ＮＰＯ法人が行う移送サービス、介護保険の事業所、ボランティア団体の見守り活動など、比較的形になり、組織的なサービス提供を可能とするものを思い浮かべるかもしれません。それらは決して間違いではありません。しかし、ここに挙げたものは、福祉系に偏っています。社会資源は、「社会にある資源」ですので、福祉に限らず多様であるはずです。

　地域のなかで利用者の生活改善に向かう力になってもらえそうな人・機関・団体等を幅広く探す必要がありそうです。

② 社会資源には形のないゆるやかなつながりも

　社会資源は、きちんとした形のあるものもあれば、そうではないものもあります。私が実践している地域では、神社の鳥居の前にあるベンチに、午前10時頃になると、どこからともなく高齢者が集まってきて、おしゃべりをしています。皆さん、とても楽しそうです。仲良し2人組で犬の散歩をしているのを周囲が見守っているとか、一人暮らし高齢者同士がお互いの自宅に行き来して昼食を共にしていることなどは、見つけようとしないと見えない性質のものです。これらも社会資源と呼べるでしょう。このように、柔軟な頭で地域を見ることが求められていると言えます。

③ 生活者・消費者・職業人としての利用者

　私たちは、利用者を介護保険等のサービスを利用する人ととらえがちです。それは、利用者という名前がそうさせているのかもしれません。ここでは、対象とする利用者を利用者とだけ見るのではなく、生活者、消費者として、また同居の家族に関しては職業人として見る目をもつことで、新たに見えてくるものがあります。生活者として見た場合、暮らしのなかで必要とする生活サービスは多様です。代表的なものとしては、電気、水道、ガス、さらにはゴミ処理などがあります。一方、消費者としては、買い物をして生活必需品を消費しています。また、同居の家族が同地域で就労している場合は、職業人として居住していることになります。暮らしは多様です。この視点で住民を見ると、案外、助けてくれそうな人材や団体が地域にたくさん存在しているのかもしれません。

工夫

① まずは地域のアセスメント —— 何が不足しているのか

　利用者が自身ですべてできるのであれば、社会資源を見つけてつなげることなどしなくてもよいわけですが、そうはいきません。それゆえに、対

人援助職が成立するのでしょう。今、私たちがかかわる利用者を総体化した場合に、地域に何が足りないのかが見えてくる可能性があります。例えば、一人暮らしで高齢な利用者、しかも自動車に乗れず、さらに自転車にも乗れない人の暮らしを想像してみましょう。これらの人を多く受けもっている場合、あなたはこの人たちが、移動が困難になること、買い物や受診が困ることに気がつくはずです。この視点に立って、地域に何が必要なのかを見立てることが、社会資源開発には必要となります。簡単に言えば、利用者をアセスメントするのと同じように、地域全体をアセスメントしてニーズを抽出することです。

　この例では、移送サービスが必要かつ重要となります。それがあって初めて社会資源開発に目が向けられることになります。この準備があれば、介護保険事業計画策定時に、地域に不足する社会資源について、まちをあげて開発の途につくことが可能となるかもしれません。逆に言えば、この準備がなければ、私たちの地域に新たな社会資源は開発されない可能性が大きいということです。

② 介護・福祉以外の領域に、実は豊かに存在する人・もの・こと

　地域アセスメントでは、住民を生活者として、消費者として、また職業人としてとらえる視点で地域を見つめたとき、課題が見えてくるかもしれません。担い手については、もしかしたら知らないだけで、実は豊かに存在するのかもしれません。

　例えば、まちでお店を開いている人で、まちおこしを真剣に考えている人材がいるかもしれません。また、社会教育に熱心な公民館長は、独自のアイデアで、楽しい講座を次から次に生み出しているかもしれません。この人たちには、私たちが福祉の領域だけをいくら探してもたどり着くことはできません。少し意識して、社会教育関係機関に出向く、商工観行のイ

ベントに参加するなど、幅広く探す必要があります。

③ 高齢者が多く集まる医療機関とつながる

　社会資源を探すには、まずはあなたが活躍される地域の社会資源に関して、その対象がたくさん集まる場所を探せるかどうかが重要となります。高齢者であれば、例えば、医療機関、公民館、生涯学習センター、地域の集会所などでしょうか。医療機関は、診療所と病院に分かれます。病院には、医療相談員を配置している場合もあり、同じ相談援助職として、さまざまな社会資源を知っている可能性があります。

　多くの場合、患者の入退院支援時でのお付き合いが多いと思いますが、できれば、日頃からの関係づくりを目指したいところです。私の場合、在宅介護支援センター勤務だった頃の時代には、在宅介護支援センターと医療相談員、関係職種で、年に数回、飲み会を開いたりしていました。今は、時代も異なり、そのような風潮ではないかもしれませんが、心が通じ合える関係性は重要でしょう。いっそのこと、地域包括支援センターが地域の居宅介護支援事業所と協働して、介護支援専門員、医療相談員、障害領域の相談支援事業所の相談支援専門員、近隣の地域包括支援センター等を対象に「相談援助職ネットワーク会議」の開催を試みてもよいでしょうし、例えば、「集まれ！　相談援助職プロジェクト」などと題して、有志を募って準備をし、皆で開催するのも面白いかもしれません。

④ 皆で社会資源のリスト化を

　皆が知っている社会資源を持ち寄って共有する、リスト化する「場」を設定するのもよい方法です。

　今日的な課題としては、身元保証、成年後見申立の支援、配食サービス、介護保険対象外の生活援助サービスなど、これらへの有効な社会資源が共有できると、多くの相談援助職が助かることとなります。仮に、有効

な社会資源が見出せなくても、多くの職員が必要と考えているという実態が、新たな社会資源開発に結びつく可能性があります。そのためにも、相談援助職の会合の場でリストアップされた社会資源を一覧化して、参加者や関係職種に配布をし、日々、情報を入れてもらうことでアップデートさせていく工夫なども重要です。

⑤ 診療所は生活情報にあふれている

　地域にある診療所は、病院に比べて規模が小さい分、比較的患者の状況をつかんでいることが多くあります。それゆえに、病気のことだけでなく、生活全般の相談を受けている可能性があります。つまり、生活情報にあふれている可能性があるということです。医師も看護師も、それらの相談に対応できるよう有効な社会資源を把握しているかもしれません。したがって、まちの開業医、診療所の看護師と、困ったときはすぐに相談できる関係づくりをしておくことが大切です。

　日頃から、顔の見える関係づくりをしておくと、支援につながるよいヒントをもらえる場合があります。場合によっては、あらかじめつくり上げた社会資源一覧表を診療所の医師に配布しておくことで、それがきっかけになってよい関係がつくれるかもしれません。

⑥ 生活支援コーディネーターを探す・連携する

　市町村に配置されている生活支援コーディネーターとの連携も重要です。生活支援コーディネーターは、介護予防を中核にまちづくりを行う職種です。まちの課題を見つけて、解決に向けた担い手の養成等を行います。注目なのは、社会資源の把握が業務のなかに位置づけられていることです。場合によっては、当該コーディネーターも、何をどうしたらよいか迷ったり、悩んでいたりしているかもしれません。ここは、私たちから連携しない手はないでしょう。

7 もしかしたら、公民館や生涯学習センターは宝の山

　地域の公民館や生涯学習センターは、社会教育的要素もあり、各種教室が開催されていたりします。これらは、一見、福祉とは関係がないと思われがちですが、先に述べたように、利用者を、単に要支援・要介護の状態の、介護や医療が必要な人ととらえない視点が重要です。住み慣れた地域で永年暮らす住民であり、生活者であり、消費者でもあります。多面的なとらえ方をすれば、人は、生活のなかでさまざまな側面を充足させながら、あるいは不足に悩みながら地域のなかで生きているのです。

　ここで、地域と利用者とのつながりについて考えてみましょう。対人援助職としてアセスメントする際、有効なＷＨＯの国際生活機能分類があります。 図表6-9 に「参加」の項目や、背景因子における「環境因子」の項目があるように、人と環境とのつながりや関係性が、その人を構成する大きな要素になっています。皆さんがアセスメントした際のニーズが、心身機能・身体構造の領域や活動の日常生活動作領域にとどまらず、社会参加に着目して「参加」の部分で抽出される場合もあるでしょう。

　「参加」の部分でのニーズの対応は、既存のデイサービス等ではなく、比較的オープンに参画される公民館や生涯学習センター等の講座への参加が有効な場合もあります。できれば、まとまった時間をつくって、一度、これらのセンターを訪問してみることもお勧めします。高齢者やその介護者が好むものを想定し、書道、手芸、絵画、運動、ヨガ、ストレッチなどの講座について、受講要件や資格、講座の受講料、また出前で講座を開いてもらえるかどうかなども把握しておくと、さらに有効です。

8 今在るものに、福祉や介護や予防の視点をつけ加える

　対人援助職にとって、多様な社会資源を提示できるかどうかが腕の見せ所です。興味・関心をもって、常に地域にアンテナを張り、これはと思える活動等に関する情報収集は重要です。公民館や生涯学習センター等の社

図表6-9 国際生活機能分類（ICF）と自立支援

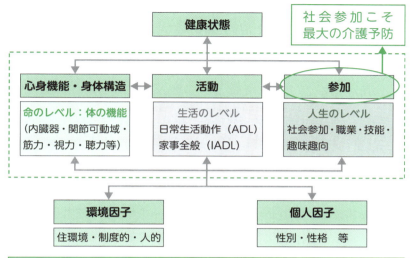

会教育系のサークル活動や講座など、自治会単位の小規模な集まりや、民間企業が行っている宅配サービスや宅配弁当、ゴミ処理業者の横出しサービスでの一人暮らしの人への訪問ゴミ処理、近隣の店のＦＡＸによる受注と配達サービス、近所同士の助け合いなど、さまざまな活動があります。ここに挙げたいくつかは、私たちが知らないだけで、実は地域にかなり前から存在している可能性があります。ここで、生涯学習センターのサークル活動をしている人に名刺を配布して、利用者宅への戸別訪問を依頼できれば、訪問型生涯学習サービスが実現する可能性もあります。自宅に手芸を一緒にやってくれる人が訪問して、利用者と一緒に作品を創ることなどが可能であれば、利用者宅がサークル活動の場になるかもしれません。これらは今あるものに介護や予防や福祉の視点をつけ加える感じです。私たちの意識のもち方一つで、社会資源の可能性は広がるのです。

9 利用者の内側へアプローチする

　「社会資源」というと、利用者や相談者の外側にある制度、サービス、人材等のイメージが大きいと思います。しかし、ニーズの解決には、利用者自身の心の内にある、希望や意欲、願望など、主観的な感情への注視も重要です。感情は人を動かします。これらを内的資源と呼びます。

　アセスメントでも注力するもので、重要です。利用者の内側にあるこれらの感情の「強い部分」に焦点を当て、利用者自身による課題解決への道筋を支援する方法もあります。外側の社会資源に有効なものが見つからない場合は、私の経験上、利用者の「強み」にかけてみることで、よい方向に向かう場合があります。自分が利用者の立場になったらどう思うか、どうするかといった自問から、その苦しさやつらさや大変さを想像して共感できるならば、事態を悪化させている要因が見えてくるかもしれません。

10 利用者のもつ「友だちネットワーク」を借りる

　私たちは自身のもつネットワークを利用者に貸して支援しています。しかし、有効な社会資源は、もしかしたら利用者自身がもっているかもしれません。要支援や要介護状態になってからの出会いのためか、とかく利用者を援助が必要な人と見がちです。しかし、かつては民生委員をしていたとか、世話役としてみんなをまとめていたとか、友人がたくさんいるとか、インフォーマルなつながりについての聞き取りが重要な場合もありま

図表6-10　**内的資源（希望・意欲・願望等）**

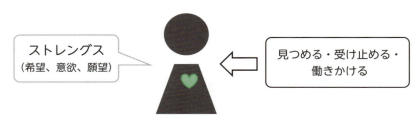

す。利用者のもつネットワークを借りることも、時に重要なのです。

　あらためて利用者に、「誰か助けてくれる人はいませんか？」「昔の友人を頼ることはできませんか？」といった問いかけをすることも、時には必要です。人は、あまり親しい関係にあると、かえって世話になりたくない気持ちになることがありますが、その際には、「今が一番大変なときなので、今だけでも助けてもらったらいかがでしょうか？」といった提案をすることも必要でしょう。いたずらに利用者を傷つけてはいけませんが、時に、決断をしてもらう働きかけも必要です。これらの働きかけがきっかけになって、もう一度、新しい関係づくりができる可能性もあります。タイミングを見計らって試みることも必要でしょう。

11 かかわっている事例を公開する勇気をもつ

　最後の有効手段として、利用者の承諾を得たうえで、「○○で困っているので助けてほしい」というアピールを地域全体に発信する方法もありま

図表6-11 利用者のもつ「友だちネットワーク」は、案外、多様で多領域

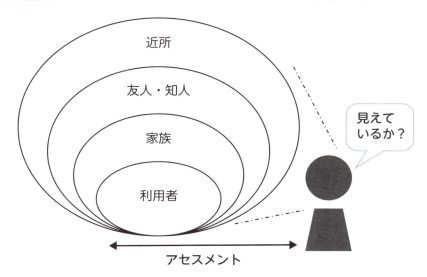

す。例えば、地元の民生委員連絡協議会の場で呼びかけたり、ボランティア団体の総会で呼びかけたりするなど、地域に「困りごとを公開する」方法です。

　この方法では、後々も、その地域で利用者が暮らしていけるように十分な配慮が必要ですが、地域ケア会議の積み上げよりも即効性があり、また互助レベルでの手立ての構築ができることもあり、有効な方法といえます。

　私がかかわっていた一人暮らしの男性は、困惑のなかにいました。もともと地域的なつながりがなく、一人でどうしらたよいか思い悩んでおり、介護保険サービス利用を手続きしつつ見守っていました。この男性がある日、思い切って地元の民生委員に助けを求めました。民生委員から私のところに「相談に来ましたが、どうしたらよいですか？」と連絡が入り、私は躊躇なく、「地域全体での助けはとてもありがたいです。明日の朝一番に伺います」と答えました。この間に、民生委員は男性に了承を得て町内会長に助けを求め、これがきっかけで、いわゆるゴミ屋敷の片づけが進みました。この事例のような小さな奇蹟に時々遭遇します。支援を必要としている人のことは、多くの場合、周囲も気にしています。私やあなたの地域には、誰かを、何かを手助けしたいと思っている人材が数多く存在する可能性があるのです。

⑫ 地域を耕す──最後は、かかわる人々を笑顔に

　私たち対人援助職には、地域へのたゆまない働きかけが求められています。地域にあるさまざまな社会資源を見つけ、つなげて、さらには介護や予防の視点をつけ加えることによって少し形を変えてもらう。これらを粘り強く繰り返し行っていく。この繰り返しで、おそらく地域の福祉力が高まっていきます。私たちに寄せられる期待は、地域を耕し、「住民のニーズを充実させる」という「実り」がたくさん収穫できるように、時間をか

けて行うことにあります。社会資源開発に関しては、課せられた責務は大きく、より真摯に向き合う課題でもあります。

　少し重たいかもしれませんが、対人援助職としての使命とともに達成後の夢がもてるような心持ちが重要です。では、どうすればそうなれるのでしょうか？　今、あなたがかかわっている利用者、相談者等の笑顔を思い浮かべてみてください。有効な社会資源が豊富になることが、たくさんの笑顔を生み出すことにつながります。より身近な利用者の笑顔を心にとどめておくならば、実践のいくつかの場面で、私たち一人ひとりの心に「灯り」が灯ると思います。おのずと夢がもてる心持ちになれると思います。

　最後は、「利用者の笑顔のために」。そんな気持ちがあれば、私たちは前を向き続けることができるのです。

> **まとめ**
>
> - 社会資源を知らないだけ
> - 相談援助職等で社会資源のリストアップをすると有効
> - 生涯学習センターや公民館も、有効な社会資源
> - 今ある社会資源に介護や予防、福祉の視点をつけ加えることでかたちを変えていく
> - 利用者のもつ意欲等の内的資源に働きかける
> - 利用者のもつネットワークに注目する
> - 利用者の了承が得られれば、広く手助けを募集する
> - 社会資源開発は、かかわる人々の笑顔を増やす

コラム 7

その人に宿る力を信じ、自分も信じる

　どんなに困難な状況のなかにある人でも、みんなストレングスをもち備えており、それを支援者がうまく引き出すこと、困難にさせている複数の発生要因を一つずつ紐解いていくことで、着実に状況の改善を図ることができるものです。つまりは、その人に宿る力を信じ、また、自分のもつ力も信じることです。

　これは、新人職員、ベテラン職員に関係なくできることです。したがって、「新人だからできない」と恐れる必要はないのです。ベテラン職員にも、未経験のときはあったはずです。支援困難事例も、すぐ先輩職員につなげるのではなく、恐れずに先輩職員の助言を受けながら、まずはあなたがかかわってみましょう。

🍎 利用者のストレングスを見つめる

　コラム6のケースでいえば、息子には「就労してお金を稼ぎたい」という想いがありました。私は、この就労意欲こそがストレングスだと考え、息子と何回も面会の機会を設け、一般就労ではなく障害者の就労支援を受けることを勧めていきました。初めは障害者として働くことに抵抗のあった息子も少しずつ関心を寄せ、相談支援事業所の精神保健福祉士に相談し、就労継続支援事業所で、温かい職員に支えられながら働くことができました。また、息子には特別障害給付金を受給できる資格があるにもかかわらず、独力では手続きがうまくできず断念していたということがわかったため、息子と一緒に年金事務所に行き、手続きを進めました。年金事務所に初めて行くときはドキドキしましたが、息子は無事に手続きを済ませ、給付金を受給できるようになりました。

🍎 一つドキドキする経験を積むと、思いのほか、ステップアップしていく

　一つドキドキする経験を積むと、思いのほか、ステップアップすることができるのが対人援助職の醍醐味です。2回目の同じ経験のときは、少しスムーズに事をこなせるようになっています。ですので、初めてのことにも恐れず飛び込み、もがきながらでも、まずは自分の手で泳いでみましょう。

第 **7** 章

地域の支援体制を整えて 総合力を向上させる

地域の支援体制を整えて総合力を向上させる

　本章では、地域の支援体制を整えて総合力を向上させるためのいくつかのスキルを見ていきます。主に、機関間の関係性に立脚したスキルとなります。特に、スーパービジョンは、地域包括支援センターと居宅介護支援事業所のケアマネジャーの場合や、同じ居宅介護支援事業所内のケアマネジャー間で行われる場合があります。

　コンサルテーションは、地域包括支援センターやケアマネジャーがほかの介護保険事業所に向けて行うものとなります。

🍀 交渉力（人を動かす働きかけ）

> ### 姿勢・視点

① 日常生活上に交渉はあふれている

　交渉は、日常生活を営むうえで欠かせません。つまり、普段から行っている馴染みのあるものです。こう言うと、戸惑う人もいるかもしれませんが、交渉は、言い換えれば、こちらの要望を相手に了承してもらうための働きかけです。例えば、「子どもに夕食の食器洗いを依頼する」「夫にスーパーに行って牛乳を買ってきてと頼む」「妻にお小遣いを値上げしてほしいと打診する」などは、すべて交渉です。これらは普段から馴染みのある行為ですが、「交渉」と意識していないだけといってよいでしょう。

　ここまでは日常のプライベートな場面でしたが、対人援助の場面でも、皆さんは交渉をしています。例えば、利用者のデイサービス利用を1日増やす、訪問リハビリテーションの曜日を変更する、訪問介護の事業所を新

たに一つ追加するなど、相手に依頼をして、最終的に了承を得ることで、こちらの要望を実現してもらうこととなります。いわば、交渉は人を動かす働きかけといえます。

② 交渉のメカニズム── 関係性が左右する

　先ほどの「子どもに食器洗いを依頼する」「夫に牛乳を買ってきてと頼む」などの例が、自分が楽になるための交渉だと、相手に見透かされてしまい、応じてもらえないかもしれません。あなたが仕事や家事で忙しそうであれば、何とか協力したいという気持ちになるでしょう。そもそもこの家事は、家族にとっても生活上で必要なことであり、誰かが担わなければたちまち困窮してしまうことがわかります。出発が自分の都合では、相手が家族であっても応じてくれない可能性があります。家事という共有の必要事項であれば、かつ、あなたが大変そうならば、応じてくれる可能性は高いです。ここから見えることは、交渉には、あなたと相手の関係性が影響するということです。つまり、相手とあなたがお互いに協力したいと思う関係性です。もしくは、わずかでもあなたの立場を思いやってくれる関係性です。ここが大切なのです。

　交渉の相手が日頃からつき合いのある居宅サービス事業所やボランティア団体等であれば、なおさらその関係づくりが重要となります。また、交渉の依頼内容が、自分が楽になるためとか、自分が助かるためだけでは、相手にとって何も得るものがない可能性があります。そうなると、交渉を成立させるのは難しいでしょう。交渉の内容は、お互いの共有事項であること、実現すればお互いにメリットがあることが、交渉を成功させる大きな要素となります。

図表7-1 交渉結果の4類型

1　相手も自分も満足 　　（双方円満）	2　自分は満足するが相手は 　　不満足 　　　　（相手が我慢）
3　相手は満足するが自分は 　　不満足 　　　　（自分が我慢）	4　相手も自分も満足しない 　　（痛みわけ）

③ 交渉結果の類型

　図表7-1 は、1．双方円満、2．相手が我慢、3．自分が我慢、4．痛みわけの交渉結果の4類型を示しています。目指すのは1の「双方円満」です。しかし、今までの交渉を思い出してみると、私の場合は、3の「自分が我慢」が多かったように思います。皆さんは、いかがでしょうか？もし、この「自分が我慢」する結果が多いのであれば、4の「痛みわけ」を未然に防ぐために自分が犠牲になっている可能性があります。物事を丸く収めるためとはいえ、自分が苦しい目にあうのはつらいですよね。なんで私がこんなことまでしなければならないのかと嘆くことが多いと、仕事に向かうモチベーションも下がってしまいますので、気をつけたいところです。

工夫

① 損して得をえる

　しかし、なぜ自分が我慢をしてまで成立させようとするのでしょうか。もしかしたら、この行為には損して得を取っている可能性もあります。交渉の勝ちにこだわって、相手に要求を無理やりのませることで生じる後々の影響を考えると、丸く収めるために自分が退くことが現実的な対応とな

る場合もあります。

　私たちにとっての交渉の対象は、その多くが専門職であり、今後も関係を紡いでいく主体です。相手の要求や要望をある程度受け止め、自分が我慢をしてでも叶えていく力量は、相手にとっては頼もしく映るかもしれません。まさに、損して得を取っている可能性があるのです。

2 プロを動かすプロになる

　多職種連携と考えた場合、対人援助職は、プロを相手にする場合も多くあります。実際には、ケアプラン等を作成して動いてもらうことになります。ですから、対人援助職は「プロを動かすプロ」になる必要があります。この自覚は、大変重要です。

　相手にいかに動いてもらうか。そのためには、信頼関係が基盤となる場合もあれば、利害が一致することによる行動も時にはあるかもしれません。相手はプロです。自らの高いスキルを駆使して、一定の結果を出すことで報酬を得ている人たちです。したがって、こちら側にも相応の力量が求められることが想像できます。交渉を進めるうえでは、まず私たちがケアマネジメントのプロであることを認めてもらうことが重要です。つま

図表7-2 プロを動かすプロに

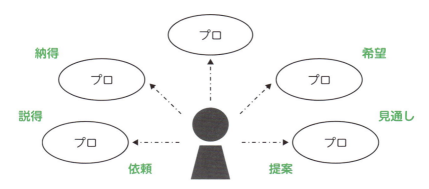

り、交渉の場面で、私たちを信じてもらい、高いスキルを提供して時間をもらうということです。

③ 相手に必要性を説く──あなたは誰かの代弁者

　交渉を成立させるうえで、基盤となる「相手にプロとして認めてもらう」こと、ケアマネジメントのプロとして認めてもらうためにはどうしたらよいのでしょうか。あなたは日頃から、居宅サービス事業者への交渉ごとは、誰のために行っているのでしょうか。それは、言うまでもなく、利用者のためでしょう。自分のための交渉ではなく、利用者のために交渉の場面に立つのが、対人援助職です。これは、誰かの代弁者であること（アドボカシー）を示します。まして、利用者のなかには、自分のことを声高に訴えることができない人もいます。もっと言えば、力を失っている、パワーレスの人もいます。これらの利用者と、居宅サービス事業者や家族や周辺といった、いわば「環境」との間に立って交渉する、利用者に代わっ

図表7-3 **対人援助の視点**

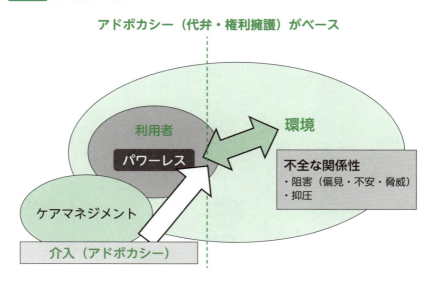

て想いを伝える役割をもつこと、これこそが、相手があなたをプロとして認める大きな要素となります。

あなたの後ろには利用者がいることを常に忘れてはなりません。利用者は守るべき対象であり、共に歩む人々でもあります。それゆえに、交渉が、利用者にとってどれほど重要なのか、その必要性を相手に伝えることができるかどうかが重要であることに気がつきます。

4 交渉力を上げる要素を把握する

実際の交渉の場面では、その内容は、簡易なものから難しいものまでさまざまです。例えば、利用日の変更等は、特に難しい交渉ではないでしょう。しかし、相手の事業所が受け入れを拒否している場合の利用の交渉は難しいものです。サービス利用の重要性を訴えても、受け入れを拒否される可能性もあります。ここで、間に立つ対人援助職には、当該事業所への交渉と合わせて、利用者にも交渉をする必要が出てきます。

受け入れ困難な事例では、間に立つ対人援助職も大きな葛藤をもつことになります。交渉の場面では、この葛藤がつきものです。時には、交渉内容が叶えられない状況を想定することも求められます。このような状況は大なり小なり起こりうる可能性が高く、それゆえに、いかに交渉を成功させるかのスキルは、相当に必要とされるところです。私が考えた交渉力を上げるための要素が、図表7-4になります。

どれもすぐに習得することは難しいですが、交渉以外にも活用できる能力です。特にコミュニケーション能力は、対人援助職には欠かせないスキルですし、ずっと研鑽していくものでしょう。また、プレゼンテーション能力も、会議運営時に重要となります。説得力は、必要性を説く力に直結しています。利用者の代弁者としてアドボケイトしていくためには、相当に重要です。相手が交渉に何を求めているのかを見抜く洞察力、また、行動力は、タイミングを見計らって行動に移す力ですが、これは現場の多様

図表7-4 交渉力を上げる要素

コミュニケーション能力	わかりやすく伝える力
プレゼンテーション能力	要領を得た説明ができる力
説得力	相手を納得させる推進力
洞察力	相手の言葉の狭間から意向を汲み取る力
行動力	実行して出てくる結果を積み重ねる力
忍耐力	熱意を持続する力

な場面で求められるものです。

　交渉において一番求められるのは、忍耐力でしょう。タフな交渉について、時間をかけて継続して行っていく体力・気力が求められます。

　これらは、現場での実践経験がスキルアップに欠かせません。私も交渉ではいくつも失敗を重ねています。しかし、失敗も経験です。行動を起こすことが次の展開につながる可能性が高いですので、ぜひともチャレンジをしてみてください。

⑤ 相手の限界点や制限への配慮を忘れない

　さて、交渉には相手がいます。交渉力を上げる要素を習得しても、相手との関係性を壊してしまっては元も子もありません。相手の立場を考えた場合に、そもそも無理な要求であったかもしれないといった反省は必要でしょう。

　地域包括支援センターの立場では、特にサービス利用がない要介護者への居宅介護支援の依頼は、ともするとケアマネジャーに「ただ働き」を強要することとなる可能性があります。これは、サービス利用による給付管理をして、初めて報酬を得ることができる仕組みであるがゆえのことですので、留意しておきたいところです。

　居宅介護支援や介護予防支援の立場で、利用につながるまでに頻回な訪

問をデイサービスセンターに依頼する、特定のホームヘルパーによる訪問を継続的に依頼する、収入がなく保証人がいないが資金貸付を社会福祉協議会に依頼する、認知症疾患のある人が、目立った自傷他害行為がない場合で、保護者のレスパイトを理由に精神科病院に医療保護入院を依頼するなど、そんなこちら側の配慮のない依頼であったかもしれない点については、検証が必要でしょう。

　相手の立場や限界点への配慮は絶対に必要です。無理強いをするのではなく、こちらの要求や要望が通らない場合の対応策も講じておきつつ打診をする姿勢がなければ相手に信頼されず、そのときは交渉を勝ち得ても、長い目で見たときにはいつか関係性が崩壊してしまうでしょう。そうであるからこそ、お互いの日頃からの関係性は大切にしたいと思っています。

6 交渉は喧嘩ではない。感情的になったら3秒間息を吐く

　交渉の場面では、依頼をしても相手にされない、厳しい口調で取り合ってくれないといった場合もあります。また、傷つく言葉を投げかけられる可能性もあります。私たちが交渉において、感情的になる場面です。しかし、ここで感情的になることは、あまり得策とは言えません。交渉は喧嘩ではありません。冷静に事を運ぶ必要があります。対人援助職の場合、交渉の相手の多くは専門職となる可能性が高いですが、なかには利用者やその家族、あるいはその友人からの怒り交じりの要求等も含まれます。私も経験がありますが、怒り交じりですので、相当な言葉で攻撃される可能性があり、自身を守るコツも必要です。利用者やその家族から、クレームとして、怒り交じりにののしられる場合もあります。相当な言葉で攻撃されることもあります。そうなると、感情が揺さぶられます。

　私の場合は、カッとなったら、「1・2・3」と数えながら息を吐きます。そして、冷静になるように努めます。長年の経験から、自分の心の中に「静けさ」があることが、物事をうまく運ぶコツだと思っています。

専門職間でも、双方にプライドがありますので、お互いでぶつかることもあります。介護保険の場合、給付管理をしている関係から、金銭にからむ交渉などもありますので、その際には、言葉じりも強く、強い圧力で押し切られることもあるでしょう。感情が揺さぶられる場面では、自らを守る防御策として、先の呼吸は有効だと思います。

7 お互いの落としどころを見極める ── 相手は何を求めているか

交渉のコツは、相手の要求の中核を早期につかむことです。そのために、対人援助職には洞察力が求められます。相手の要求の中核が見えると、あとはどこまで譲歩できるかの検討となります。双方円満に向けた検討には、この中核を早い段階でつかむと実現しやすいと思います。

相手の要求は多様で、例えば、間に入って調整してほしい、サービス提供を止めたい、サービスの依頼を断りたい、納得できる説明をしてほしい、謝罪してほしい、お金を支払ってほしいなど、さまざまです。これらに対し、こちら側がどこまで応えられるかを検討し、例えば、こちらが相手の要求に応える代わりに、相手にも何かを要求し、こちら側の利益も確保することができれば、双方円満に近づきます。この着地点について、いわゆる「落としどころ」を探す努力を双方が行う必要があります。これは、どこまでなら可能かの接点を探す努力ですので、双方の関係性が重要になります。私の例でお伝えしたような、丸く収めるために自分が譲歩していた過去があると、相手は再度譲歩を求めてくるか、前回は譲歩してもらったので、今回はこちらが譲歩するなどの考えになる場合もあります。これは、お互いの関係性によります。これらの事例からも、常日頃からの関係性が交渉の成否を左右することになることがわかります。

まとめ

- 交渉は日常生活にあふれている。決して特別なことではない
- 交渉のメカニズムとして、要求を受ける側に利が見えると受け入れられやすい
- 交渉結果の4類型。目指すは双方円満（WIN・WIN）
- プロを動かすプロになる
- 誰かの代弁者であるという自覚が、必要性を説明できる力を向上させる
- 忍耐力は、交渉力を向上させる
- 相手の限界点に配慮する
- 感情的になったら呼吸を整える
- 相手の要求の中核を把握し、落としどころを探す

🍀 時間配分力（タイムマネジメント）

姿勢・視点

① 時間の不思議──心の在りようで、早くも遅くも進む

　私は、時間を使うということは命を使うことでもあると思っています。一日のなかで、何にどのくらい時間を配分して使うかは、多様な業務を同時に進めるうえで重要です。いつも感じることですが、時間は不思議です。同じ30分でも、楽しい時は短く感じますし、苦しい時は長く感じます。これは、心の在りようが大きく影響しているのだと思います。このことを踏まえることが、まずは時間配分のコツとなります。

② 相手のある仕事 ── 自分本位に時間を配分できない苦しさ

　対人援助職は、現場に立っています。相手のある仕事ですし、緊急対応で一日の多くの時間を費やす可能性を多くはらんでいます。地域包括支援センターの場合なら、ケアマネジャーの研修会、地域ケア会議、介護予防教室や各種サロン、認知症カフェ、認知症サポーター養成講座等の事業を開催していくこととなります。さらには、運営協議会での事業報告や事業計画の説明、行政の各種会議に高齢者支援の立場で参加する場合もあります。個別の相談支援と事業、この時間軸の異なる業務を同時に進めていく必要がある点では、どのように時間を割り振るかは大変重要です。

　対人援助職として、私にもあなたにも利用者がいますので、時には緊急対応とまではいかないまでも、すぐに訪問して対応しなければならない事態もあります。その際には、一日のスケジュールのすべてを変更しなければならない状況となる可能性もあります。それゆえに、余裕のあるスケジュール管理、時間配分を考えたいものです。

工夫

① できれば楽しい時間を午後に。業務の組み立てを考える

　私は、時間は心理状態に左右されると考えています。ですから、例えば一日の業務の組み立てでも、介護予防教室の開催や各種サロンの運営など比較的楽しい時間を午後に組み込み、プラン作成やプランにまつわる交渉事などの比較的苦しい時間を午前中にもってくる工夫をしています。

　さらには、訪問もあります。利用者によっては、病状進行を止めることが難しく、訪問するたびに容態が悪くなっている人、もともとネガティブな感情の持ち主で、ずっと誰かの悪口を言っている人、こちら側の対応に事あるごとに叱責する人など、きちんと向き合っていく必要がある訪問もありますが、これが一日に何件もあったり、一日の最後だったりすると、疲労困憊となってしまう可能性があります。また、これらが繰り返されると、知ら

ず知らずのうちに心身に悪い影響をもたらす要因となってしまうかもしれません。そこで、午後に比較的楽しい時間を組み込むことが、明日への活力になる可能性があります。業務の組み合わせを工夫したいところです。

2 締め切りが異なる業務を平面図化する

締め切りの異なる業務は、一日のなかで配分して対応しなければなりません。わかりやすいように、締め切り（時間軸）の異なる業務を並べた平面図をつくってみました（図表7-5）。

最初の1日目は、まだ先の会議や教室ですが、それぞれを少しずつでも進めておくと余裕のある時間配分となるでしょう。しかし、私も経験がありますが、訪問にばかり注視し、締め切りを忘れていて、直前になって大慌てすることもあります。こうやって平面図に矢印を引っ張っておくと、

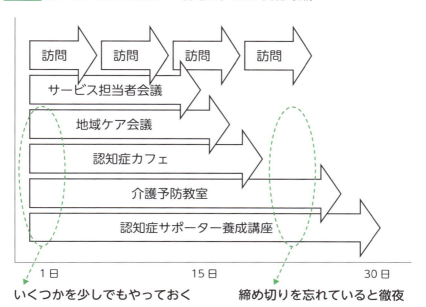

図表7-5 締め切りの異なる業務の一覧（矢印の先が実施時期）

「何を」「いつまでに」の目安となります。

③ 手帳と対話する

　今、私は一か月が見開きで見られる手帳に、訪問、会議や教室等を記載し、一方で、一週間が見開きにできる表も手帳に入れてスケジュール管理をしています。それでも訪問が続き、緊急対応等があると、再度スケジュールを組み、時間の配分を変えないといけません。ですから、日々、手帳を見て時間の配分を意識しています。

　いわば日々、手帳と対話しているともいえます。この時間も大切です。時に、この時間に、新たな気づきやアイデアが思いつく嬉しい効果もあります。手帳でスケジュール管理を行っている人であれば、思い当たるふしがあるのではないでしょうか。こういった時間を大切にしたいものです。

④ 優先順位の基準を創る

　図表7-5 の締め切り別の平面図で見ると、訪問を即時的に行いながら、事業や会議開催に向けた準備をしておくこととなります。相手のある仕事ですが、時に訪問をしない一日を一週間のなかで創り出しておくことも、急な訪問や緊急対応によってスケジュールが押してしまう場合などに有効です。私も、前の日に訪問の予定をたくさん入れて、訪問しない日を一日創る努力をしていますが、それでも創出できない週があります。しかし、最初からできないとあきらめるのではなく、そのような業務管理を行う意識が必要です。

　時間を使うことは命を使うことであれば、今、自分が何を行うべきかの優先順位の基準を創っておくと安心です。例として、今、即対応しないと危機的状況になる可能性が高いなどの緊急性、このタイミングで行っておくことが後々の関係性を強めることができる、連携が強まる、利用者が安心するなどの必要性、自身の心持ちで、今やっておかないと後で必ず後悔

すると思われるようなこと、以前から学びたいと思っていた内容の研修会への参加などの好奇心がこれに当たります。

基準の目安の例

1. 締め切りまでの時間の長短 ⇒ 短い場合は即対応
2. 緊急性 ⇒ 今すぐ行う必要性を検討
3. 必要性 ⇒ 今必要かどうかの検討・相手との関係性
4. 自分の心持ち ⇒ やっておかないと落ち着かない
5. 好奇心 ⇒ 見てみたい・やってみたい・受けてみたい

---

5 「時間を創る」を意図的に

　私の手帳には、「会議」と書かれているものがいくつかあります。センター長でもあり、法人の参与という立場でもあるため、全体的な業務遂行のための会議がいくつかあります。また、法人の理事会や評議員会への出席もあります。相手から都合を聞かれた場合には、「すみません。その時間は別の会議が入っていまして…」となり、別の時間に変更してもらいます。つまり、その時間は、自分は会議に出席することを優先するという選択をしているわけです。よほどの緊急事態でない限り、ここでゆるぎない時間を創り出しています。ケアマネジャーであれば「サービス担当者会議があります」、地域包括支援センターであれば「地域ケア会議があります」などと言って時間を変更してもらっていると思います。会議は多くの人の時間をいただくことになりますので、自分の都合のみを優先できませんからなおさらです。

　私の手帳には、もう一つ「会議」が書かれています。それは、「自分との会議」です。自分が果たすべき役割や先のスケジュール確認と優先順位の決定、いくつかの選択を検討することなどを、自分との会議として時間を設定しています。この時間の確保は、相手から都合を聞かれた場合で

も、よほど緊急性がない限り、「すみません。その時間は会議が入っていまして…」とほかの時間に変更してもらっています。

このように、時間を「創る」ことを意図的に行うことも、人生を豊かにするうえで重要であると私は考えています。例えば、訪問しない日を一週間のうちに一日創ることも、この一環です。「時間を創る」ことは大切なのです。

⑥ 時間配分を考える時間も必要

自分がもてる時間は、一日なら24時間です。自分の生活もありますから、食事や入浴や排泄などに使用する時間や、自らの心と体の栄養補給を図る休息等も必要です。そうなると、仕事で使える時間は限られてきます。言い換えれば、仕事・業務が立て込むと、自分の生活時間・家族時間・自由時間を犠牲にしなければならなくなります。おそらくそうなっている人が多いかもしれません。対人援助職の場合は、相手の状況によっては、常に連絡が取れる体制を講じておかなければならない場合があります。そう考えると、業務の時間配分はとても大切です。

「時間配分を考える時間」も、一日のうちで割きたいところです。私は、朝の時間を利用して手帳を見て、その日のスケジュールを確認します。私の場合ですと、「自分との会議」をするなかで確認をしています。それでも昼食を食べ損ねることもありますので、生活時間を犠牲にしてしまっていることとなります。これは、あまり褒められたことではありません。そうならない工夫が必要です。

⑦ 時間を倍にする工夫── 頼ることも大切

何もかもを自分で行う気概は大切ですが、そこで自らの生活時間が減ってしまうのは残念なことです。時に誰かに頼ることも大切です。楽をしたいために仕事を丸投げするのはよくありませんが、少し頼ることは必要だ

と思います。

　例えば、地域包括支援センターなら3職種の配置ですから3人、自分を除いた2人がいます。図表7-5 の締め切り別の平面図を作成したとき、図の中のすべてを自分で行うのではなく、依頼して一旦担ってもらう、つまりほかの2人に協力してもらって分担できると、あなたのもつ時間は倍になります。これは、同時に2つ以上の業務をこなすことができることを意味します。例えば、あなたが訪問を繰り返している間に、認知症サポーター養成講座の資料作成を仲間が行ってくれたり、もう一人が地域ケア会議の準備をしてくれていると、3倍です。やはり助け合いは大切です。もちろん、あなたが仲間を手伝うこともあると思います。お互いに、少し余裕のある時間をお裾分けするような感じです。すでに皆さんの事業所では、行っていることかもしれません。

　一方、居宅介護支援事業所の場合は、一人で業務をしている人もいるのでこれができません。

8 相手に少し待ってもらう・相手の時間をもらう

　「少しお時間をいただければ助かります」。時折、私は相手の時間をいただくことをお願いしています。相手の時間とは、相手に待ってもらう時間のことです。あまり長くはいただけないでしょうが、業務の運営を考えた場合には必要となります。これは締め切りを伸ばしてもらうことです。私たちが一日で使用できる時間は24時間しかありません。仲間に助けてもらうことで倍にするような工夫や、このように相手の時間をいただくことで時間を増やしていく工夫をしないと、私たちの生活時間や家族時間、自由時間を業務時間に提供しなければならなくなります。居宅介護支援事業所において、一人で業務に当たっている人なら、業務が詰まってきた場合には、相手にお願いして時間をいただくことをお勧めします。

　人生における「仕事」は、あなたを構成する重要なピースです。しか

し、パズルは大きなピース1つで構成されているわけではありません。多様なピースで構成され、バラエティーに富んだ絵画が描かれていきます。絵画なら、バランスこそがアートとなり、見る人が感銘を受けます。その意味で、仕事と生活のバランスはとても大切です。

9 時間は意識（心）に直結している

　ここまで、時間配分、スケジュール管理について見てきました。しかし、時間は単純に管理できるほど簡単ではありません。だからこそ意識的に向き合っていく必要があるのです。時間は私たちの周りを流れ続けていきます。どのように向き合うかは、どのように生きるかにつながっているのです。

　そうであればこそ、楽しい時間を豊富にもつことが大切です。言い換えれば、すべてを楽しめる感覚があると、時間は豊かになる可能性があります。私の経験では、同じ60分を過ごす場合でも、自分の意識が異なると「できる量」も異なると感じています。

　例えば、訪問での利用者との豊かな時間において、ほかの利用者の案件でつながった事業者と異なる利用者の対応に連動できたり、会議が思わぬ展開でうまく回ったり、文書や資料を簡単に仕上げることができたりといった、いわゆる「ゾーンに入る」、つまり「ものすごく集中できている」状態になるときがあるのです。あなたはどうでしょうか。

10 自分を知って質の高い時間を創る

　この高いパフォーマンスの時間が継続できれば、できる量が増えますので、結果、時間も倍になったこととなります。自らのパフォーマンスを上げて時間を倍にする。私の例にあるように、「ものすごく集中できている」状態ですから、気分も上々で、心理的にも良好な状態です。このような状態を維持できるのが理想です。そのための工夫は、自分が気分よく前を向

ける状態の維持にあるといえます。そうなると、自分はどんなときにギアを上げることができるのかを把握する必要があります。

ここで、自分をよく知る、自分を褒めるといったことを意識的に行うことが求められます。朝のひと時や、寝る前のひと時、少し時間を創って振り返ると有効でしょう。できている自分を褒めることから始めましょう。

また、身体的なコンディションも大切です。体調が不良になると、意識も低下していきます。健康への配慮は何よりも最優先です。業務が押して、自らの生活時間・家族時間・自由時間が犠牲になる事態は、メンタルのみならず、フィジカル面にも悪い影響を与えますので、留意が必要です。

⑪ 心こそが時を感じる唯一のもの

どんなときも、目の前の事象をどう感じるかで次の選択肢が異なります。つまり、選択肢が異なれば、異なる道を歩むこととなります。どの道を歩むかは、何にどのくらい時間をかけるかということになります。私が行っている「自分との会議」は、自分と向き合うことになります。今の自分が何をどう感じているのか、あるいは、どの道を選びたいと考えているのか、もっと言えば、今の自分を好きでいられているのか、あるいは大切にしているのかと、自分と向き合います。

私たちは、心をもっています。心こそが、時を感じることができる唯一のものだと私は考えています。ですから、その心の働きが止まってしまっていると、本当の意味で時を感じることができなくなることがあります。あなたが出会う利用者のなかには、障害を負ったその時から、あるいは過去のつらい経験を受けたその時から、もしかしたら心の働きが遅くなっている、あるいは止まってしまっている人もいるかもしれません。そうなると、自身の周りを豊かに流れる時の価値に気がつくことができないでいるかもしれません。あなたは、そんな利用者に声をかけ、さまざまな提案を

図表7-6 時を感じるのは心

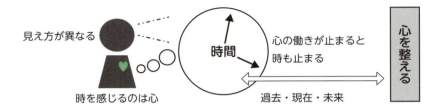

して、共に在る時間の豊かさや大切さ、その価値を伝えていると思います。同じことを、自身にも行うことが大切です。なぜなら、私たちは支援の道具として、自らの心とからだを使う職種だからです。これは、対人援助職の特異な点と言ってよいでしょう。道具はきちんと整えてこその道具です。一流シェフが自身のフライパンや包丁をしっかりと整えておくのと同じです。

12 改めて、時の流れに豊かさを感じる心を

　いくつかの時間配分力のスキルについて見てきました。一方、「心を整える」ことも大切で、それは、適切に「時を感じる」ことができるようにしておくためでした。どんなことをしていても、時は重なります。これは、締め切りの異なる業務の配分や、一日や一週間の構成をしっかりと考えて組み立てができるための基盤ともいえます。一方で、「心を整える」ことがあって、初めてスキルが活きると思います。心が下を向いている元気のない状況や、何から手をつけてよいのかわからないなどの迷いや困惑している状況では、時間配分において適切な対応も難しいでしょう。このような状況にならないように、自身を把握することの大切さがよくわかります。そして、現場を抱える対人援助職であるからこそ、気力が低下したり、迷ったりする状況に陥りがちですので気をつけたいところです。

　あなたにも、私にも、自分の周りに時が流れています。訪問する、会議

に出席する、会議を開く、その時々で、さまざまな人と語らい、考える時を共にもつこと、また資料づくりを一人で行い、自分と向き合う時をもつこと、どの時間も、その豊かさを実感でき、時を感じる心をもち続けられると素晴らしいと思います。

一日の時間のなかで、ほかの職員から相談を受けることもあると思います。その時間も、実はとても尊いものであると思います。使える時間を、どうかそこにも使っていただけると嬉しく思います。

> **まとめ**
> - 時間は、心の在りようで早くも遅くも進む
> - 締め切りの異なる業務を平面図化して把握し、開始するときを決めておく
> - 意図的に時間を創ることも大切
> - 自分流の優先順位や基準を創っておくと便利
> - 時に誰かに頼って業務を代行してもらい、時間を倍にする
> - 少し待ってもらって、相手の時間をもらうことも必要
> - 心こそが時間を感じることができる唯一のもの
> - 自分との対話の時間を創り出して、心を整えて適切に時を感じることができるようにしておくことがすべての基盤となる

✿ スーパービジョン力（気づきの促し）

1 対人援助職がもつ悩み――答えのない道を歩むこと

スーパービジョンは、対人援助職にとって必要です。それは、対人援助

に明確な答えがないこと、支援の道具として自らの心とからだを使うこと、相手との関係性で流れが左右することなど、特異な職種であることが理由です。これらの理由を見ると、私たち対人援助職は常に悩みのなかにいるともいえます。

　そうであるからこそ、専門職としては自らの確認が必要となります。自分が今、どのような状況にあるのかなどです。

② スーパービジョンは支援の映し鏡

　「自分を知る」ことは難しいことでもあります。例えば、私たちは自分がどんな表情をしているか、どんなスタイルになっているか、からだ全体を眺めることは、自分ではできません。そこで必要となるのが「鏡」です。スーパービジョンは、自らの支援について確認するための鏡の役割を果たします。

　「鏡」はありのままを映し出すものであり、ある意味では見たくないものも映し出す可能性を含んでいます。しかし、物としての鏡はすべてを映し出しますが、スーパービジョンは人が行いますので、すべてをさらけ出して見せることはしません。その意味では、スーパービジョンは非常に人間的です。あなたが地域包括支援センターで業務をしているのであれば地域のケアマネジャーを、居宅介護支援事業所で業務をしているのであれば部下や後輩、仲間のケアマネジャーを支えます。まずは、スーパービジョンの概要を見ていきます。

③ スーパービジョンの概要

　スーパービジョンは、スーパーバイザーが部下や後輩の対人援助職と面接を通じて気づきを促します。相手はスーパーバイジーと呼びます。

　図表7-7 は、スーパービジョンの概要を表しています。スーパーバイザーとスーパーバイジー二者が面接を通じて行います。スーパービジョンは、

図表7-7 スーパービジョン――対人サービスに不可欠な技術研修

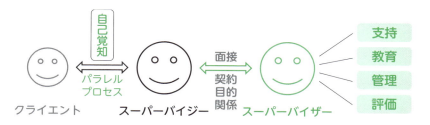

同組織内で展開されるものと、異なる所属での関係性で行われるものと2種類あります。異なる所属の場合、例えばスーパービジョン1回についてスーパーバイジーがスーパーバイザーに報酬を支払うスタイルの契約に基づくものもあります。ここでは、同組織内もしくは地域包括支援センターと居宅介護支援事業所のような異なる所属間で、報酬等が介在しないスタイルのスーパービジョンについて考えます。つまり、あなたがスーパーバイザーとしてスーパーバイジーから報酬を得る想定ではありません。同じ組織内、同じ地域内でのスーパービジョンとなります。時間管理の項の最後に、ほかの職員から相談を受ける時間を提供してほしいと述べましたが、まさにそのような関係性です。

4 スーパービジョンの機能

　スーパービジョンは、面接によって実施され、機能は3つないし4つあると言われています。それは、支持的機能（背中を押す・関係性の基盤）、教育的機能（知るを促し育てる）、管理的機能（組織として一定の質を担保するため把握をする）、評価的機能（よい点・悪い点を含めて支援の在りようを把握し伝える）です。

　これらの機能は別々に働かせるというよりも、スーパーバイジーの置かれている状況に応じて使い分けをする、時に同時に行うことをしながら対応していく方向性です。

図表7-8 スーパービジョンの基礎

形態	概要
個別スーパービジョン	スーパーバイザーとスーパーバイジーの二者によるオーソドックスなスーパービジョン
グループスーパービジョン	複数のスーパーバイジーと一人のスーパーバイザーで行う。グループダイナミクスを活用
ライブスーパービジョン	利用者宅に同行して、その場でスーパービジョンを展開
ピアスーパービジョン	スーパーバイザーがいなく、スーパーバイジーのみで行うスーパービジョン

⑤ スーパービジョンの形態

　スーパービジョンは、スーパーバイジーとスーパーバイザーの二者による面接によって行われるのがスタンダードですが、グループで行う場合や実際にスーパーバイジーが利用者宅で支援している場面で展開するライブスーパービジョンなどもあります。また、スーパーバイザーが存在せずスーパーバイジー同士で展開するピアスーパービジョンもあります。例えば、介護支援専門員の更新等の法定研修で持ち寄る事例によるグループワークなどがこれに近いです。

　グループスーパービジョンは、例えば事例検討を複数人で行い、スーパーバイジーが事例提供し、スーパーバイザーが助言者として行うものなどです。

工夫

1 まずはアセスメント力を高めること。困りごとはどこに

　まずはスーパーバイジーに対するアセスメントの力を高めることが大切です。これは、目の前のスーパーバイジーがどのような状況にあるのかの見立てです。利用者と同様に、①何に困っていて、②その要因はどこにあ

図表7-9 困りごとに目を向ける

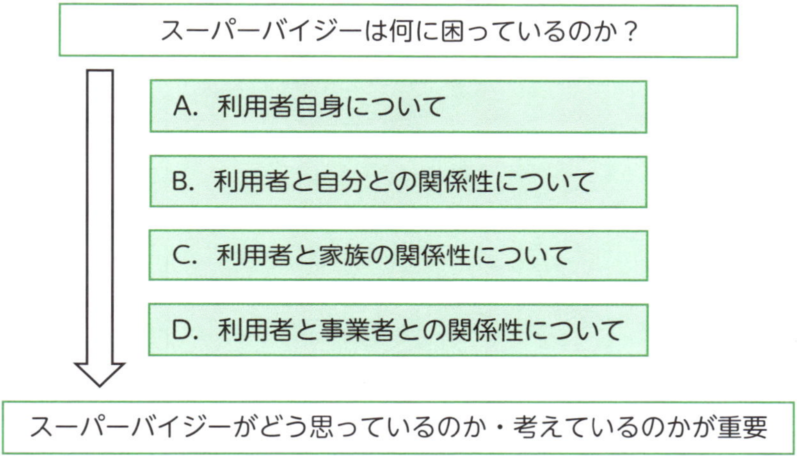

スーパーバイジーは何に困っているのか？

A. 利用者自身について

B. 利用者と自分との関係性について

C. 利用者と家族の関係性について

D. 利用者と事業者との関係性について

スーパーバイジーがどう思っているのか・考えているのかが重要

り、③どうなればよいと考えているのか。①②③について、聞き取りを行うこととなります。また、スーパーバイジーとの面接が基本ですから、同時に面接力も必要になります。受容的かつ共感的なかかわりをもつこと、すなわち信頼関係を創ることと同じです。つまり、利用者支援でトレーニングした面接やアセスメントのスキルが、スーパービジョンでも活きてきます。スーパーバイジーの困りごとに、目や耳を傾けることになりますが、**図表7-9**は、その代表的なものです。

② スーパーバイジーを通じた事例解析 ── 映像で思い浮かべる

想定としては、スーパーバイジーはあなたよりも経験が浅い状況です。多様な経験を積んだスーパーバイザーとしてのあなたとは事例そのものの見え方が異なっている可能性があります。ここでアセスメント力が必要となります。スーパーバイジーをアセスメントするだけでなく、スーパーバイジーが語る事例概要から事例の全体像を解析できる力、つまりは映像で

213

図表7-10 どうしたらスーパービジョンができる？

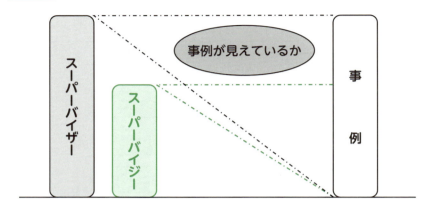

思い浮かべられる力も求められることとなります。

図表7-10 は、スーパーバイザーのほうが経験もあり、知識もあることを前提として、スーパーバイジーを通じて事例を見る場合に、スーパーバイザーにはスーパーバイジーが見えていない部分まで見えることを示しています。「事例が見える」ようになるには、経験に基づく多様な家族関係や利用者の個性等のデータの蓄積を要します。さらには、心理的理解、病理に関する理解、生い立ちにおける時代背景など、情報を統合する力も必要かもしれません。

しかし、ここに挙げたいくつかは、アセスメントの力を向上させるうえで知っておくべき知識です。スーパービジョン力を向上させるには、まずは信頼関係を構築する心、そしてアセスメント力を上げることから始まります。

③ 問いかけに対しては、「気づいてほしい」という願いを込める

　スーパービジョンは、面接により、スーパーバイザーが「答えを教える」ものではありません。スーパーバイジーが自ら気がつき、答えを見つけていけるように導きます。問いかけに対しては、「気づいてほしい」という願いを込めると伝わります。そこで、まずは事例を全体的に俯瞰できるか、つまりはスーパーバイジーを通じて事例を解析する力が求められます。

　次に質問です。質問には、事例を解析するための質問と、スーパーバイジーと利用者との関係性を知るための質問があります。いずれにしても、質問を投げかけるバリエーションが求められることとなります。以下は、スーパーバイザーとスーパーバイジーのスーパービジョンの場面です。

スーパービジョンの場面（その1）

　スーパーバイジー：（困った顔をして）「すみません、少しご相談が…」

　スーパーバイザー：（作業の手を止めて、スーパーバイジーの表情を見て）「なんだか大変そうですね。よかったら話してみてください」

　スーパーバイジー：「実は、○○さんに提案しても、拒否されてしまい、うまくサービスにつながらないのです」

　スーパーバイザー：①「それは大変ですね。ずっと悩んでいたようですね。もっと早くに気がつくべきでした。ごめんなさい」

　　　　　　　　　　②「ところで、○○さんはどんな人なのですか？」

　　　　　　　　　　③「○○さんはどうして拒否されるのでしょう？何か思い当たることはありますか？」

---

④ 問いかけ1　担当ケアマネジャーが利用者をどう思っているか

　さて、いかがでしょうか。スーパーバイジーとの信頼関係は、技術で創るものではありません。「心」です。①のような言葉があなたから自然に出てくれば、きっとよいスーパービジョンを展開できるでしょう。まずは、ここが基盤となります。相談の内容を詳細には載せていませんので、ここでは状況はあまりわかりませんが、実際の場面では、ここで詳細に聞き取ることとなります。ここで、②の「どんな人なのですか？」がポイントになります。スーパーバイジーが利用者のことをどう解釈しているかを把握します。ここで、スーパーバイジーが「どんな人と考えているのか、感じているのか、解釈しているのか」が重要です。スーパーバイジーの反応によって、関係性が垣間見えます。サービス拒否の場合、インテークでの信頼関係の構築がうまくいっていない可能性があります。この質問は、あらゆる対人関係において、その関係性を把握するうえで有効です。さらに、③は、相談の中核です。ここが「答え」でもあります。この時点で、スーパーバイジーは考え、気がつく場合もあります。

スーパービジョンの場面（その2）

スーパーバイザー：③「○○さんはどうして拒否されるのでしょう？　何か思い当たることはありますか？」

スーパーバイジー：「たぶん、自宅で静かに一人で生活を続けたいのだと思います」

スーパーバイザー：④「そのように考えるのは、どんな理由からですか？」

スーパーバイジー：「○○さんは、学校の先生をされていて、最後は校長先生をされています。プライドがあります。今でも何でも自分でできると思っておられます。

ですから、誰にも干渉されたくないという考え
が強いように感じます」

スーパーバイザー：⑤「もし、あなたが○○さんの立場だったら、
サービス提供のことをどう考えるでしょう？」

スーパーバイジー：「・・・」（何かに気がつく）

スーパーバイザー：⑥「別居の息子さんはどんな人ですか？」

スーパーバイジー：「お母さん想いの熱心な真面目な人です。いつも
お母さんのために、何かサービスをと考えてい
ます」

スーパーバイザー：⑦「○○さんにとって、息子さんは大切な存在
なのでしょうね」

スーパーバイジー：「・・・」（何かに気がつく）

スーパーバイザー：⑧「ところで、○○さんは、あなたのことをど
う思っているのでしょう？」

スーパーバイジー：「もしかしたら、嫌われているかもしれません」

スーパーバイザー：⑨「そんなふうに考えるのは、何か理由があり
そうですね」

スーパーバイジー：「この前、息子さんと一緒に、○○さんにサービ
ス利用をするように説得してしまいました。そ
の時に、○○さんはとても悔しそうな表情を見
せていました。今思うと、もしかしたら息子さ
んの味方ばかりして、自分の言い分を聞いてく
れない、自分の味方であったはずの大切な息子
を私に取られたと思ったのかもしれません」

スーパーバイザー：⑩（スーパーバイジーを見つめて、微笑みなが
ら、そっとうなずく）

> スーパーバイジー：「○○さんには、<u>申し訳ないことを</u>してしまいました」

5 問いかけ2 「なぜ」とは聞かない

　④では、スーパーバイジーの考えの掘り下げを行っています。ここで「なぜ」とは聞きません。「なぜ」は、人に注視されがちです。あなたも、「なぜ、そう思う？」と聞かれると、なんとなく責められている感じになるのではないでしょうか。そうなると、保身的になって、考えが適切にできなくなってしまいます。ここでは、「理由」に注目できるように配慮します。これは、利用者への問いかけにも応用できます。例えば、「なぜ、デイサービスに行かないのですか？」と優しく問いかけても、利用者は「責められている」と感じてしまっている可能性があります。こちら側としては無意識にですが、気をつけたいところです。

　次に、⑤は「自分ごと」で考えるための問いかけです。利用者の置かれた状況を自分に置き換えて考えてみることは、利用者がどんな気持ちかを推し量るうえで大切です。ただし、留意したいのは、ここに自分の価値観が入る点です。自分の考えと利用者の考えは異なると考えたほうがよいと思いますので、参考にする程度がよいかもしれません。軽く触れてみる感じで、スーパーバイジーに問いかけを行うと有効です。

6 自身の支援への直面化──どこに困難性を感じているかを一緒に考える

　⑥の「別居の息子さんはどんな人ですか？」の質問も、スーパーバイジーが利用者の家族をどのように解釈しているかの確認です。利用者と家族の解釈を聞き、想像力を発揮できれば、事例を解析する力がかなりアップしているといえます。「プライドをもち、静かな一人暮らしを望む母親

と、母親を心配するあまり、かつ自分が世話をできない負い目（真面目であるがゆえに）もあり、とにかくサービス利用をと前のめりになる息子」の構図が見えたとき、支援者としてどのような位置に立つかを知っているスーパーバイザーなら、サービスの提案をしているスーパーバイジーが利用者にどのように映っているかを把握できるはずです。そこで、⑦の「○○さんにとって、息子さんは大切な存在なのでしょうね」と⑧の「ところで、○○さんは、あなたのことをどう思っているのでしょう？」の質問で核心に迫ります。スーパーバイジーにはつらい行為ですが、自分が行った支援を直面化する質問を投げかけます。ここでのスーパーバイジーが感じていた困難性の正体は、利用者に嫌われてしまったと感じている自分への畏怖です。最終場面では、スーパーバイザーは何も言わずに微笑んで、そっとうなずきます。しかし、十分にメッセージは伝わっていることでしょう。ここでスーパーバイジーが自ら気がつくことに価値があります。スーパービジョンは支援の「鏡」なのですが、すべてをあるがままにさらけ出して映す鏡ではなく、もう少し優しい寄り添いがあります。⑩のような、優しい微笑みやうなずきは、同じ支援者として「みんな一緒である」ことを伝えています。

　この面接の後に、スーパーバイザーが自分の失敗談を話すのもよいでしょう。そのような関係性がスーパービジョンの基盤となっていきます。

7 問いかけのバリエーション

　スーパービジョンでは、答えを伝えず、気づきを促します。そのためには、いくつかの問いかけが必要となります。ただし、これもすぐに行うことは難しいかもしれません。あらかじめ備えておく必要があります。
図表7-11 は、問いかけ・質問のバリエーションです。参考にしてみてください。

図表7-11 問いかけの例

1. ○○についてどう思う？
2. その時の利用者さんの表情はどうだった？
3. あなたが利用者さんの立場だったらどう思う？
4. ○○となるのは、どんな理由が考えられる？
5. あなたがそう思う理由はどんなことでしょう？
6. 利用者の○○さんは（ご家族は）どんな人？
7. もし○○であった場合、どんな可能性がある？
8. ○○という考え方についてどう思う？
9. 間違っていたらごめんなさい。あなたが、そのように感じるのは、利用者を○○と思っているからかな？

⑧ 寄り添う──見えるようにする・気がつくための手伝いをして背中を押す

　スーパービジョン力を高めるための実際を紹介しました。その力を向上させるには、やはり、まずもって困難性を感じているスーパーバイジーに寄り添うことが重要です。安心して相談できる関係性があってこそ、一緒に事例の解析を行い、見えるようにする、あるいは気がつくための手伝いをすることができるようになります。そして、同じ支援者として背中を押します。対話をもとに成立するスーパービジョンは「言葉」を紡ぎます。

　図表7-12 は、スーパーバイザーとスーパーバイジーが面接という場面で言葉を紡ぐことを表しています。多様な言葉をもつスーパーバイザーは、その存在そのものに力をもちます。スーパーバイザーの心からの言葉（例えば、スーパービジョン場面の①の「もっと早くに気がつくべきでした」の言葉）や多様な問いかけが、スーパーバイジーのなかで、頭にある言葉（意識化されている）と心にある言葉（意識化されていない）の循環を生み出します。この循環から、自分の言葉が醸成され、表出されます。

　そうして、自らの気づきに到達するのです。これらの相互作用は、支持的関係性が基盤となることは言うまでもありません。

図表7-12 スーパービジョンの概要

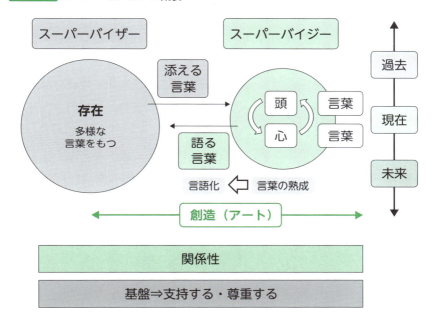

　もう一つお伝えするならば、図表7-12 の右端の「過去・現在・未来」は、スーパーバイザーがスーパーバイジーを見つめる視点です。スーパーバイジーの現在の力量だけを見るのではなく、過去のキャリアからどのような養成の道のりを歩んできたのかを含めて、スーパービジョンを展開します。

　一方、注目すべきは未来を見据える視点です。どのような対人援助職になってもらいたいか、このスーパーバイザーの想いこそが、スーパービジョンを成功させる一番大切なものとなります。

　このようなスーパービジョンで周囲を照らすあなたは、組織や地域のなかで求められる存在になっていくと思います。

> **まとめ**
> - 対人援助職は、答えのない道を歩み続けなければならない特異性があるため、スーパービジョンは欠かせない
> - スーパーバイザーとスーパーバイジーの二者の面接を媒介に進められる。スーパービジョンには、支持的・教育的・管理的・評価的機能がある
> - 答えを教えるのではなく、スーパーバイジーの気づきを促す
> - スーパーバイジーを通じた事例の解析能力が求められる
> - スーパーバイジーが何に困っているのかを一緒に考える姿勢が大切
> - 言葉を紡ぐ、多様な言葉をもつ存在になる

コンサルテーション力（専門知識の提供）

姿勢・視点

1 コンサルテーションとは

　対人援助の場面でコンサルテーションを行うことは少ないと思われるかもしれません。利用者や相談者に専門知識をもって助言することは、場面としては居宅サービスのいくつかの説明と、どのように活用するかを伝える場面などでしょう。コンサルテーションは、「相談する」を語源としながら、専門家の診断や鑑定を受けることを指します。対人援助の領域では、異なる専門職の間で連携・協力する行為の一つとして概念化され、一方の専門家が抱える職業上の問題を他方の専門家が援助することを指します。教える側をコンサルタント、教わる側をコンサルティと呼んだりします。

図表7-13 コンサルテーションの構造

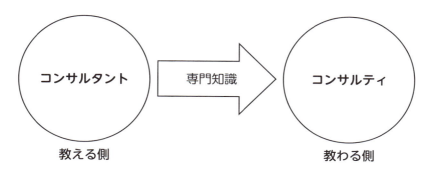

2 スーパービジョンとコンサルテーションの違い

　コンサルタントとコンサルティの関係性は、スーパービジョンとよく似ています。しかし、よく似てはいますが、大きく異なるところもあります。スーパービジョンは、新人等の対人援助職（スーパーバイジー）に対し、ベテランの主任介護支援専門員等（スーパーバイザー）が面接を基本に、スーパーバイジーに気づきを促す質問等を行いながら進めていきます。個別の一対一の場合と、グループで行う場合や、実際にスーパーバイジーが面接をする現場にスーパーバイザーに同行してもらって行う場合など、スタイルは多様です。居宅介護支援事業所の場合は、主任介護支援専門員が管理者で、部下に対して行う場合が想定され、関係性も明確で限定的です。よって、スーパービジョン関係も成立しやすい環境にあるといえます。

　一方、地域包括支援センターの場合は、ほかの事業所の介護支援専門員を対象とするぶん、関係性もさまざまです。想定は、一人で事業所を運営しているか、主任介護支援専門員のいない事業所のケアマネジャーへのスーパービジョンとなります。同じ組織ではないぶん、継続的・縦断的な関係性での展開が難しく、従来のスーパービジョンを実施することは困難かもしれません。ここでは、気づきを促すような働きかけよりも、より具

図表7-14 スーパービジョンとコンサルテーションの違い

体的な手法のコンサルテーションに重点が置かれる可能性があります。つまり、専門知識を「教える」形で提供します。スーパービジョンは、「教えない」で、考えてもらうことが中核なので、かなり異なります。

③ あなたもコンサルタント

　このように、コンサルテーションは専門職間の知識の教示であることがわかります。したがって、あなたのコンサルテーション力を向上させるためには、専門知識をある程度習得していなければなりません。一方、地域包括支援センターの主任介護支援専門員や保健師、社会福祉士や居宅介護支援事業所のケアマネジャーは、自分がコンサルタントとして地域に存在しているという自覚をもっている人は少ないかもしれません。もし、あなたが地域包括支援センターや居宅介護支援事業所で業務しているのであれば、コンサルタントとしての自覚は低いでしょうか。しかし、実はコンサルタントになる可能性は非常に高いのです。

工夫

1 ケアマネジメントという専門知識をコンサルテーション

　まずは、あなたが今もっている専門知識はどのようなものでしょうか。ケアマネジャーならばケアマネジメントです。インテーク、アセスメント、プランニングなどのケアマネジメントプロセスにおいて、もっている知識や技術は、他者に提供できるものです。例えば、インテークにおける面接の手法は、直接、対人援助を行う介護職の場合、その養成の過程で、あまり触れられていません。利用者との距離の取り方など、業務上で再度学ぶ必要を感じている介護職は多いかもしれません。この領域でのケアマネジメントの専門知識はとても有効です。

2 介護予防・権利擁護・地域ケア会議は専門知識

　また、あなたが地域包括支援センターで業務するならば、介護予防ケアマネジメントにおける介護予防のいくつかの知識、権利擁護における成年後見制度に関する知識、地域ケア会議での専門職とのネットワークから得る専門知識など、より広い知識をもっていると思います。これらは居宅介護支援事業所のケアマネジャー、あるいは居宅サービス事業所で業務している範囲では得ることのできない知識ですから、ケアマネジャーへの提供も可能となるでしょう。まずは、自分のもっている専門知識がどのようなものか、ほかの専門職に提供できるものなのかを考えてみましょう。これがコンサルテーション力をアップさせる最初のステップです。

3 専門ケアの変化を促す自負をもつ

　チームケアの中核は、相互連携です。対人援助職がコンサルテーションを行う目的の一つは、利用者のニーズを充たすため、専門職が提供するケア、つまり専門ケアの変化を促すことがあります。あなたがもつケアマネ

ジメントプロセスにおける各技術や知識、地域包括支援センターで業務することで得られる知識は、専門職に十分に提供できるものであると思いますし、そう自負するべきでしょう。

④ 主任介護支援専門員と連携が有効

地域包括支援センターには、主任介護支援専門員が配置されています。また、制度改正により、居宅介護支援事業所は、主任介護支援専門員が管理者となりました。主任介護支援専門員になるため、あるいは資格更新のための国の法定研修の要綱から紐解くと、その役割には人づくり、すなわち自らの事業所の介護支援専門員へのスーパービジョン、地域包括支援センターの場合には地域の介護支援専門員へのスーパービジョンを実施し、多くの人材を育成することが求められています。

それは、主任介護支援専門員には、地域づくりも求められているからです。多様な主体との協働により社会資源開発を行うことや、人材を養成することも、地域づくりに含まれます。求められる人材養成は、ケアマネジャーだけでなく、ほかの専門職の養成も含まれます。地域包括支援センターも居宅介護支援事業所も、地域の介護保険サービス事業所の質の向上を担う役割があり、訪問介護や通所介護、訪問看護等の事業所に所属する専門職へのコンサルテーションによる人材養成も求められているのです。

⑤ コンサルテーションは自分だけで行う必要はない

繰り返しますが、あなたがコンサルタントになる可能性は非常に高いです。対人援助職としてチームケアもしくはチームでアプローチを試みている場合には、すでにコンサルテーションを行っている可能性が高いと思います。実は、コンサルテーションを行うにあたり、私は自分だけで行うことだけが方法ではないと考えています。

ケアマネジャーなど、対人援助職がコンサルテーションを行う目的は、

利用者のニーズの充足、あるいは課題の解決に注視し、チームケアを組み上げることにあります。チームケアの中核は相互連携です。かかわる専門職間で、相互の技術支援ができる関係づくりが重要となります。つまり、専門職間で相互にコンサルテーションできる環境を創れば、あなたもコンサルタントとなります。

6 サービス担当者会議をコンサルテーションの有効な場に

　サービス担当者会議には、利用者にかかわる専門職が集まります。その意味では大変有益な時間であると言えます。例えば、訪問リハビリテーションの理学療法士が、福祉用具相談員に新しい福祉用具の内容や用途をコンサルテーションしてもらい、利用者の理学的な側面での留意事項を理学療法士から福祉用具相談員がコンサルテーションしてもらうとします。その場を創るのがあなたです。これで、あなたもコンサルタントです。それも総合コンサルタントと言えます。サービス担当者会議は業務のなかでよく開催していると思いますので、すでにコンサルテーションを行っていると言えます。では、どのような知識等が必要なのでしょうか。以下、例です。

- ・　専門的な知識や技術、特に幅が広く新しいものは有効
- ・　実用的な知識と技術であること。「知っているだけ」とか「使えそう」程度のものでは実用性は低い可能性がある
- ・　利用者のニーズに対応するサービスを提供する際の留意点などをよく知っておくことが重要
- ・　利用者の課題が明確であることが重要。明確でないと、有効なアイデアもしくは相互コンサルテーションが実現しない

第7章　地域の支援体制を整えて総合力を向上させる

⑦ 地域ケア会議もコンサルテーションの有益な場

　では、自らや利用者のケアチームだけでは「答え」が見出せない場合はどうしたらよいでしょうか。ここで、地域包括支援センターが主催する地域ケア会議への参加も検討しましょう。地域ケア会議は、まさにコンサルテーションの場といえるからです。

　地域ケア会議には、専門医やその領域の専門職を招聘（しょうへい）することができます。例えば、統合失調症の介護者へのアプローチには精神科医が、認知症を患いながら一人暮らしをしている高齢者の服薬管理については薬剤師が、利用者と同居の知的障害のある家族に対する障害福祉サービス利用に関しては行政担当者や障害者基幹相談支援センターの専門職が、利用者家族に収入がなく生活に困窮している場合の有効な手立てとして、生活困窮者自立支援の担当相談員が、あるいは福祉事務所の生活保護担当ワーカーが、それぞれ助言者として招かれます。そこに担当するケアマネジャーを中心に、ケアチームも参加すれば、その場で専門職からコンサルテーションを受けることが可能となります。相互に質問し合える雰囲気を創ると、さらに効果的でしょう。以下、例です。

司会者から参加者間の意見交換を促す

> 「訪問看護ステーションの○○さんは、双極性気分障害の利用者家族への対応について、ご参加の精神科医の△△先生にご質問等はございませんか？」
> 「訪問介護の○○さんは、認知症の△△さんは錠剤が飲みにくいのではと感じておられますね。この点で、ご参加の薬剤師の□□さんに教えていただきましょうか。□□さん、いかがでしょうか？」
> 「ケアマネジャーの○○さんは、同居の統合失調症の息子さんに、どのように医療につなげるかを悩んでいますね。ご参加の障害者基幹相談支援センターの△△さんに伺ってみましょうか。△△さん、何

かよい手立てはございますか？」

　あなたが地域包括支援センターで業務し、地域ケア会議の担当であるならば、例示のように、個別のケースを通じて、かかわる専門職の力量を高めるトータルなコンサルテーションの場を提供できるでしょう。ポイントは、その領域に造詣の深い専門家を招聘できるかどうかです。ここで、ネットワーキング力が求められます。積極的に専門領域のエキスパートを見つけてつながること、多領域の専門職とつながりをもつことは、地域におけるコンサルタントへの近道となります。

8 専門職のニーズ把握がコンサルタントを引き立たせる

　個別の利用者が抱える課題解決に向けてかかわる専門職へのコンサルテーションについて見てきました。では、地域全体の課題はどうでしょう。対人援助職として、利用者が抱える多様な課題そのものが生まれてこない地域を創り出す発想や、予防の発想も重要です。さらには、専門職そのものが疲弊し、孤立することがないように、しっかりと支える視点も大切です。そうであれば、まずは、地域の専門職が何に困っていて、どうしてほしいのかという把握が必要です。そこから地域包括支援センターや居宅介護支援事業所として、何ができるのかを考えることになります。

　私は、職場の仲間と協力して、「ケアマネジャー Café」と銘打って、地域のケアマネジャーに集まってもらい、コーヒーなどを飲みながら、くつろいだ雰囲気のなかで語り合う場を設けています。普段の研修にはない笑顔もあって、そこで何を求めているのかが聴け、さらに、いろいろな話ができるよい雰囲気となっています。ここ最近は、新型コロナウイルス感染症の影響もあり、オンラインでの開催も試みました。

　一方、地域包括支援センターとケアマネジャーとの関係が不全になっているといった話も耳にすることがあります。これは、双方にとって不幸な

ことですが、もっと不幸なのは、そこに居住する住民です。共に地域住民、とりわけ要介護状態にある一番弱い立場にある人を対象としている点では、お互い相違ありません。ここは一致団結をして、地域全体のマネジメントを展開できるようにしたいものです。

⑨ 研修会も有効なコンサルテーションの場

地域の専門職が求めるニーズを充足させるうえで、場合によっては外部講師などを活用して研修会を開催するのも一つの方法です。これは、まさにコンサルテーションを受けるようなものです。

専門職が求める専門知識にはどのようなものがあるでしょうか。 図表7-15 は、知っておきたい知識の例です。

図表7-15 必要とされる知識（例）

制度について	医療保険、生活保護、成年後見制度、日常生活自立支援事業、生活困窮者自立支援制度、障害者総合支援法など ※介護保険制度（加算等）についても制度改正が顕著なため、ニーズは大きい
病理について	進行性難病、がん、認知症、脳血管疾患、精神疾患など
薬について	心身への影響、服薬管理の方法など
リハビリテーションについて	場面や疾病におけるリハビリテーション、急性期・慢性期・回復期のリハビリテーションなど
地域について	民生委員、自治会、老人クラブ、社会福祉協議会、ボランティア活動等の住民活動、社会教育系（公民館）のサークルなど
医療機関について	病院・診療所、認知症疾患医療センター、在宅療養支援診療所・病院、回復期リハビリ病院、入院時退院時の連携ルールなど

ここに記載されていなくても、皆さんの地域で、専門職が困っている課題があれば、それを研修企画としてみるのは有効だと思います。一人で行うことは難しいでしょうから、行政が行っている在宅医療介護連携推進事業や認知症総合支援事業などとコラボすることをお勧めします。各担当者との相互協働が生まれ、大きく展開できる可能性があります。

10 コンサルタントは何を目指すのか

　世にコンサルタントと呼ばれる人材が活躍する領域は、経営コンサルタント、投資コンサルタントなど、広く多くあります。それらのコンサルタントが行っていることの一つが「情報収集」です。さらに、コンサルタントが求められる大きな要素は、集めた情報の分析に長けていることでしょう。これは、料理で例えるならば、素材をどう調理するかということに似ています。同じ素材でも、調理方法によってまったく異なる料理に仕上がります。ここに、各コンサルタントの専門性があります。では、対人援助職がコンサルタントとなって、集めた情報という素材をどう調理するのでしょう。また、何を目指すのでしょう。私は、利用者や地域に住む住民一人ひとりの望む暮らしの実現に寄与することではないかと考えています。私たちが、ケアやキュアの専門職をコンサルテーションするのは、その向こうにいる利用者であり、住民であり、混迷のなかにある人々の未来、あるいは、それらの人々の望む暮らしの実現に寄与したいという願いがあるからでしょう。コンサルテーションで地域全体の力量が上がることは、幸せな人が一人、また一人と増えていくことを物語っているのです。

まとめ

- コンサルテーションは、専門職間の専門知識の提供
- スーパービジョンは、気づくこと、考えることを促す。コンサルテーションは、教える
- 対人援助職としてチームケアを行っている場合、すでにコンサルタントになっている可能性が高い
- サービス担当者会議は、有効なコンサルテーションの場
- 地域ケア会議は、専門職を招聘できる点で、さらにコンサルテーションの場としても有効
- 専門職へのコンサルテーションの未来は、地域全体の力量を上げ、幸せな人を一人、また一人と増やすことを物語っている

コラム ❽

心が折れない工夫

🍏 改めて、エールを送りたい

このコラム 8 と最後のコラム 9 で、新たに配属になったり、新たに就職した人へ、改めて、業務を進めるうえでのコツをお伝えし、エールを送りたいと思います。

例えば、ただ利用者の話を聴いていただけなのに疲れてしまう、その人のためを考えて言ったことに対して怒られたり、場合によっては、相当に批難されたりします。

地域包括支援センターに限らず、対人援助及び相談援助の仕事に就くと、こんな経験はつきものです。特に、初めのうちは、このようなことに対してどのように自分のなかで処理していけばよいのかわからないものなので、無意識のうちに対象者の言動が自分に重くのしかかって、疲弊してしまう可能性がかなり高いです。それも、困難に直面している人のつらさを受け入れれば受け入れるほど、入り込めば入り込むほどです。

🍏 誰にでもできる仕事ではない

私たちの仕事は、専門性を要しますし、誰にでもできるものではありません。例えば、適切な相談援助が受けられないため、地域から疎外され、苦しい思いをしている人がいるかもしれません。私も、自身に深い悩みがあり、出口が見えない人の支援に携わり、途方に暮れて、何度も「やってられない」と思うことがありました。

本来、やまない雨はないというように、終了や状況の変化は時の流れとともに訪れ、出口が見えてくるものですが、新人のうちはそれがわかりません。

ですから、心が折れない工夫として、以下の 3 つを大切にしています。

1．専門職として目指す頂
2．職場の仲間への尊敬
3．自分自身の、人としての輝きをみがく　➡　**コラム 9 で紹介します**

第 **7** 章　地域の支援体制を整えて総合力を向上させる

終章

全方位型の対人援助職に
なるための心構え

全方位型の対人援助職になるための心構え

　全方位型の対人援助職とは、広く360度の視野をもって地域に臨む姿勢をもつものです。これが、私たちが目指すべき対人援助職像であろうと思います。これまでも、あなたは困っている人や悩んでいる人を援助してきました。

　各種スキル等を習得、もしくはさらなる向上を目指すためには、土台となるベースが必要となります。ベースは、あなたの中核のようなもので、一度創り上げれば長きにわたり活用が可能となります。

1　能動的に学ぶ姿勢をもつ

1　学びが背中を押す

　私たちにとって、「学び」は大きな目標です。もしもあなたが、自分の自信のなさがもとになっている悩みを抱えている場合、この「学び」が背中を押します。学びを進めるということは、自己研鑽であり、つまりは腕をみがくということであり、専門職としては常に行うべきものです。そして、それこそがあなたのアイデンティティとなります。プロとして、これからもしっかりと現場に立ちたいと願うのであれば、この「学び」に貪欲になることが重要です。

2　経験に基づく判断には限界がある

　対人援助職は、常に現場において判断を求められます。しかし、経験に基づく判断には、時に限界もあります。経験は、積み上げがあったとして

も、自身の業務の範囲内にとどまります。しかし、現場では、借金のこと、相続のこと、消費者被害のことなど、専門外の課題が山積しています。利用者から、これらについての答えを求められることも多いと思いますが、即答はもちろん、返事に困ることも多く、最終的には調べなければ答えられないことが多々あります。そうなると、私たちにとって「学び」は、必須のものとなってきます。

3 学びは自身の器を大きく、重たく、深くする

　想像してみてください。例えば、目の前に500mlのペットボトルと2Lのペットボトルがあります。たくさん水が入るのは、当然2Lのペットボトルです。学びは私たちの器を大きくし、500mlから2Lにサイズアップしてくれるでしょう。器が大きくなると、中に入れる知識や技術もたくさん入ります。経験の幅も広くなります。もう一つ例えるなら、「重たく、深く」もなります。つまり、あなたの存在そのものが深いものへと変わっていくということなのです。

4 悩みが「学び」の原動力になる

　「悩む」ことは大変ではありますが、実は悩みの要素として、すでに「あるべき姿、望ましい状況」が見えている場合があります。つまり、「〜になったらよいのに」という着地点、あるいはゴールが見えているということです。

　これは、考えようによっては、すでに答えが見えているのと同じことです。また、自分の置かれている状況、現状をしっかりととらえていることも見逃せません。

　悩みにはネガティブなイメージがありま

終章　全方位型の対人援助職になるための心構え

悩みが生まれるメカニズム

すが、このように分析してみると、よい点もあります。むしろ「悩みがある」ということは、進歩に向けた第一歩であることに気がつきます。ここに「学び」の原動力があります。

5 全部吸収する──学びは歓び

　対話する、協議する、書籍で読む。受け止める側の姿勢によっては、これらすべてが「学び」になります。つまり、全部吸収する気持ちがあれば、多様な事象のなかに学びを見つけることができるのです。例えば、誰かが語った言葉の背景に気がつく、協議のなかに物ごとの本質を見ることができる、書籍で読んだ知識をすぐに業務に活かすなど、すべては私たちが意識するところによります。

　私も、事務所で部下と話をするなかで、介護保険と医療保険のリハビリテーションの関係性など、そうだったのかと教えてもらうことがあります。利用者との対話のなかでも、私の知らなかった地域の集まりのことを教えてもらったりすることもあります。

学びで、新たに知ることは歓びです。私たちに全部吸収する姿勢があれば、すべてに学びの機会があると思います。そして、また一つ知ることができ、また一つ大きくなることができます。

2 相手の立場に立つことが考える基本

1 自分と他者との関係性は社会の縮図

　社会で生活する私たちは、一人では生きていません。私たちは、誰かとの関係性で生活が成り立っています。たとえ一人で暮らしているとしても、職場、所属するサークルやコミュニティ、もしかしたら SNS でつながった誰かなど、いろいろな人たちとの関係性によって毎日が連なっています。もっと言えば、着ている衣服、食べる食品、住まう住居は、誰かの尽力で私たちのもとにたどり着いています。他者との相互関係、誰かの尽力で私たちに届いている衣服や食品など、決して見ることのない相手との関係をどのように感じているのかで、私たちの日々は構成されているともいえます。

　誰かの尽力で自分も支えられていると感じるならば、相手を思いやる気持ちも大切であることに気がつきます。思いやることの基本は、相手の立場に立つことです。ある意味、私たちと他者との関係性は、社会の縮図といえます。

2 関係性で動かす未来

　あなたと職場の仲間、あなたとほかの事業所の専門職、所属機関と地域住民、あなたと利用者、これらすべては、その関係がどのようなものかによって左右されます。よい方向に向かうのか、悪い方向に向かうのか。当然、よい方向に向かいたいと願うでしょうが、その際のカギは、相手の立場に立って考える視点です。そのためには、あなた自身の心を相手に配る

終章　全方位型の対人援助職になるための心構え

ことができるかどうかが問われます。相手の立場に立つということは、相手がどのように思うかを推し量るということです。想像し、推し量る、つまり、思いやることです。そこには、あなたの心が介在します。相手との関係性を築くことは、マニュアルで標準化できる性質のものではありません。なぜならば、心が介在するからです。心をどのように使うか、そこに、対人援助職の存在する価値があります。

「心を配る」という言葉は「心配」とも読めます。「心配」となると、その対象が自分の「不安」や「恐怖」に向けられるイメージかもしれません。そうではなく、相手の意向や要望に心を配ることに留意したいと私は考えています。なぜならば、相手に心を配る、このような周りとの関係性が未来を動かすことになると考えているからです。この未来とは、私だけのものでなく、私の周りの多くの人のものともなります。ですから、相手に心を配ることをあなたにもお勧めしたいのです。

3 考える基本

考えることは大切です。考えるとき、人は頭を働かせ、意識を巡らせます。この考えること、意識することは、記憶をとどめます。記憶は、私たちを構成する重要な要素ですから、心にとどめておくために意識する、すなわち意識化することが求められ、これは、「考える」ことが基盤となり

心を配る

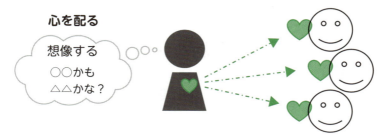

ます。ここで、考える、意識する、記憶するの循環が生まれます。そして、対人援助職ならば考えるベースは「相手の立場に立つ」ことだと思います。

そうなったとき、考えることが、よりいっそう意味のある行為となります。

④ 相手の立場に立って考えることの意味

あなたは、対人援助職です。自らの心とからだを使って人を援助する、特異な業種です。ですから、想像力がよりいっそう求められる職種ともいえます。

では、想像してみましょう。あなたがこの世で誰にも気にかけてもらえず、その痛みをわかってくれる人が誰一人いないと強く感じる日が続いていると、とてもつらく、心の働きが止まってしまいそうです。目の前に現れる利用者の多くは、まさにそのような状況のなかにあるかもしれません。私は、唯一、時を感じられるのは心だと思っています。ですから、心の働きが止まると時間も止まると思っています。利用者の時計の針を進めることができるのは、この想像力をもって深い理解を示す存在です。あなたは、この存在になれる一番近いところにいます。家族でもなく、近しい友人でもありません。私たち対人援助職は、専門職です。確かな理論と技術と経験に培われた強力な力をもちます。だからこそ、利用者のそばにいて、共に歩むことが、今も、これからも、未来に向けてあなたの存在がよりいっそう必要になるでしょう。そうであるからこそ、相手の立場に立って考えることを止めてはいけないのです。

⑤ 当たり前の優しさを

世の中には、「お互い様」という言葉に代表されるように、お互いの立場を踏まえ、助け合うことが文化としてあります。その意味でいうと、相

手の立場に立つということは、当たり前の優しさなのかもしれません。そのことをあえて論じる必要があるのは、今の世の中、個々に余裕がないからなのかもしれません。対人援助職として、私たちは走り続けています。日々の業務に疲弊していないかの確認も必要でしょう。

　対人援助職であるがゆえに、心もからだもメンテナンスが必要になっているのかもしれません。そんな状況のなかで、相手の立場を思いやることができることは、当たり前の優しさを安定して相手に届けることができる存在でもあり、それゆえに対人援助職として輝くのかもしれません。ですから、対人援助職は、そのような存在になれるように、自らの在りようについて、その意味を考え、意識を変え、心を整えることが必要です。さらには、後ろ盾として、職場内の支え合い、相互の好循環を生み出す環境を創ることも重要となります。

3　居心地のよい職場づくりがもたらす好循環

① 自分という名のジグソーパズルのワンピースである「仕事」

　物事は、多様な要素で構成されています。それをジグソーパズルに例えるならば、自分というジグソーパズルには、頭、足、腕などのからだのピースや、親、兄弟、妻、子どもなどの家族のピースも入ります。このいくつかのピースのなかで、「仕事」は大きなピースです。失業や休職によって仕事を失うことによるダメージは、報酬を得られないだけでなく、役割を失ってしまうという意味でも大きいと思います。私の例で言えば、地域包括支援センターのセンター長や法人の参与としての役割です。あなたはいかがでしょうか。あなた自身をジグソーパズルに例えるならば、仕事はどれくらいの比重を占めているでしょうか。おそらく、私と同様に大きいピースではないかと思います。

　それは、あなたが今の対人援助職を選択した理由にあるように思いま

す。今、仕事が厳しいならば、この選択の理由に立ち返って、あらためて自分ジグソーパズルの仕事のピースの大きさに思いを馳せてみてください。

② 他者にとっての自分の価値

　ここまで、自分ジグソーパズルのなかの仕事について考えました。では、職場ジグソーパズルで「あなた」というピースは大きいでしょうか、小さいでしょうか。おそらく、決められない、わからないと思う人が多いのではないでしょうか。これは、自分では決められないことであり、他者が決めることなのです。つまり、自分の価値は他人が決めるということです。

　多くの皆さんは、職場のなかの大きなピースになりたいと願うでしょう。そのためには、本書にあるスキルや知識の習得を試みることも大切です。大きなピースは、ほかをカバーしたりフォローしたりすることができます。その結果、あなただけでなく、職場の仲間も大きなピースになれたなら、描かれるジグソーパズル全体が大きくなるかもしれません。

③ あなた発の好循環は「感謝」から

　私は今、地域包括支援センターのセンター長として、居宅介護支援事業所の仲間と一緒に仕事ができていること、認めてくれる仲間がいること、自分の力を発揮できていることなどに、深く感謝しています。この感謝は、職場の仲間はもちろん、私を頼ってくれている利用者や地域の人たちにも捧げたいと思っています。

　さて、あなたはいかがでしょうか。職場は、一日のうちでも一番長く過ごす場所になりますので、よい環境、よい状況で仕事ができること、好循環を継続させることが理想です。あなたの職場の状況はわかりませんが、このよい循環を創り出すための一つの鍵は、今、自分が、ここで仕事がで

きていることへの感謝だと思っています。私たちは一人では生きていけません。相互関係性で未来を動かしていきます。おそらく、誰かの支えがあって、私たちは自らの業務を遂行させることができているのです。例えば、各種支払いや給与を計算する事務の人も、後方支援の重要な人材です。事業所全体の運営を管理する上司など、さまざまな人材があなたを支えている事実に目を向け、感謝を伝えることが好循環を生み出す大きな鍵となります。

④ 地域のなかの「あなた」

高齢者の介護予防や在宅介護を中心とした地域をジグソーパズルに例えるならば、居宅サービス事業所と利用者や家族のピースだけでは成立せず、この相互のピースをつなぐ役割が必要です。地域というジグソーパズルを完成させるには、対人援助職である「あなた」というピースが絶対に必要となります。あなたが最後のピースとならなければ、地域包括ケアシステムの絵は描けません。そして、あなたの存在は、職場でも大きなピースとなり、地域でも要となるでしょう。

そのためには、あなたにも支えが必要です。できれば職場の仲間や地域の皆さんと良好な関係を創り上げておいてほしいものです。そうなって初めて、地域という名のジグソーパズルは完成するのです。

4 頑張りすぎないことも大切

① セルフケアの重要性

対人援助職として、利用者の生活の継続性や連続性を大切にするのであれば、こちらも長きにわたって支援できるようにすることが重要です。地域のなかには、何年も継続したかかわりを必要とする人もいます。また、地域づくりを本気で行うのであれば、何十年も地域住民と共に時間をかけ

る必要があります。私たちが対人援助職として長きにわたり支援を行い続けるためには、この仕事への情熱を絶やさない姿勢が求められます。矛盾しますが、そのためには、時に頑張りすぎないことも必要です。私たちは、自身の健康や力の維持に向けて手立てを講じること、すなわちセルフケアを常に意識することが求められています。

　自分を犠牲にしてまで事を成すことには無理がありますし、結果、短期間の援助関係にとどまってしまう可能性があります。

② マラソンランナーは遠くを見る

　長きにわたる支援は、マラソンに例えられます。短距離走と異なり、消費するエネルギーを省力化し、長い道のりを、ゴールを目指して走り続けます。長距離を走るコツは、姿勢にあります。できるだけ遠くに目線を置き、姿勢を立てるようにして走ります。このことは、長きにわたって支援する私たちの在りようにも似ています。

　うつむいて目線を下ろすのではなく、遠くに目線を置き、姿勢を立ててゴールを見据え、自分のペースで進みます。注目すべきは、マラソンランナーは、時折、栄養を含む給水をすることです。このことから、「栄養を補給しながら走る」ことや「自分のペースを保持する」こと、「目線を遠くに置く」ことがコツとなることがわかります。これは、私たちが長期にわたる支援を実現させるためのコツと同じです。栄養補給には、休息や、時には周りからの承認も含まれるでしょう。

③ 自分を抱きしめる

　対人援助職として人を相手とする関係から、私たちは自分に厳しい評価を下す場合が多くあります。自分を責めることを自分に強いるのは、苦しくつらいことです。そして、これらの繰り返しが少しずつ私たちの心を蝕んでいきます。場合によっては、バーンアウト、燃え尽きのきっかけにな

長距離を走るコツ

るかもしれません。そうならないためには、時に自分を許すことも大切です。タイトルにある「自分を抱きしめる」は、自分を褒めて、自分を許し、自分の背中を押すことです。私は、少し疲れてきたときにはこれを行い、また前を向けるようにしています。

④ 今の自分で「よし」とする

　何かを変えることも大切ですが、ありのままの自分を受け入れることも、もっと大切です。これは、今の自分をよりいっそう好きになることです。「頑張らない」ということは、ある程度、自分に自信がもてるかどうかでもあります。時には、今の自分を「よし」とする意識も必要です。つまり、今の自分に肯定的であることが大切なのです。あなたは、もう十分に頑張っていると思います。まずは、そんな自分を「よし」としてください。

⑤ 「60点でOK」にセットアップ

　頑張りすぎないためのもう一つの工夫は、自分に対してすべての実行は「60点でOK」とすることです。つまり、半分より少し上で、「自分としては成功した」「成しとげた」とすることを決めておくことです。自分で自分のルールをつくり、状況に応じて変更が可能である設定にしておくこ

とをお勧めします。私も心配性なので、以前は多くのことを完全にやりとげたい気持ちが強くありました。しかし、それが高じて、血圧も高くなり、常に緊張した状態になりがちでした。頑張ることは、私のなかでは美徳でしたが、限界もありました。私のような傾向にある人は、特に「自分は60点でOK」と自分自身に宣言しておかないと頑張りすぎてしまうのです。時には、鏡に映った自分に対して言葉かけをすることも必要です。これは、自己暗示の一環です。こうすることも、緊張の高まりや、心配が恐怖に変容しないための工夫として、私が時々行っている方法です。

　長く仕事をする、存在する。私は、これを大切なことであると心に刻みながら、頑張り過ぎず、日々、業務に向かっています。

5　意識してアウトプットを繰り返す

1　アウトプットが知識をみがく

　その道のエキスパートになる近道は、誰かに説明する場面を多くつくることです。例えば、研修会の講師として何かを伝える機会などは、多くの学びにつながります。なぜならば、準備の段階でさまざまな調べものをして備えることとなるからです。これは、自分のもつ知識をみがくことになります。アウトプットは、自分の知っていることを教える、伝える、あるいは書き記すなど、表に出すことを意味します。地域包括支援センターの場合、認知症サポーター養成講座での講義、介護予防教室での講話、自治会総会時の地域包括支援センターの紹介など、住民の前で話をすることがあります。居宅介護支援事業所の場合は、法定研修等に参加した際の演習におけるグループディスカッション時の発言や、最終的なグループ発表など、専門職の前で話をする場面があります。このようなアウトプットを日常的に行うことが、あなたの知識をみがくこととなります。

② 自分発の情報発信で「ここにいる」を

　アウトプットは、あなたからの情報発信でもあります。情報を発信するということは、あなたのもっている知識等を誰かに話す・伝える・教えるなどの行為です。この情報発信を意識的に行うということは、自分の存在を示すこととなります。つまり、「私はここにいます」と宣言していることになります。あなたが対人援助職として、専門職として、その存在を示すことは大変重要です。なぜならば、つながるきっかけになり、そこから相談支援が始まる可能性があるからです。例えば、認知症サポーター養成講座を受講した人から、あなたに「私の知人の〇〇さんが困っているので相談に乗ってほしい」といった依頼が入るかもしれません。また、「町内会の総会で話をしてほしい」といった依頼があるかもしれません。このように、広く存在を知られていることが、専門職として腕をみがくチャンスにもつながります。さらには、自らのネットワークを構築する場合にも有効です。

　アウトプット、あなた発の情報発信は、あなた自身のスキルアップへの近道となりますし、地域の支援を必要とする人に、あなたの存在を伝え、つながる可能性をもたらします。その意味で、大変重要なのです。

③ 想いを言葉に換える

　アウトプットは知識をみがきますが、さらには言葉を紡ぎます。なぜならば、エキスパートを目指さなくても、対人援助職として、他者にさまざまなことを伝える場面が多くあるからです。つまり、研修会の講師等、特別なことではなくても、何かを誰かに伝えることは常にあるということです。その際に重要となるのが「言葉」です。さらに言えば、「言葉に換える」ことが大切だと考えています。

　日常の業務のなかでは、知識を伝えたり教えたりすることよりも、利用者の想いを対人援助職が言葉に換えて、言葉を紡いで利用者に伝えること

もありますし、第三者に伝えることのほうが多いと思います。利用者の「言葉」にならない想いを聞き取り、言葉に換えて、つまりは言語化して、利用者に伝えていくことは大変重要です。言葉には、頭の中にある言葉と心の中にある言葉があります。特に心の中にある言葉には、明確になっていない、あるいは利用者自身も気がついていない場合もあります。例えば、「寂しい」「本当は嫌だ」「やっぱりやってみたい」「会いたい」などの言葉は、心の奥深くに眠っているかもしれません。それらについて、言葉を紡いで形にしていくことは、利用者の未来を創るうえで、そして、今と未来を紡ぐうえで、とても大切です。

④ 発する言葉が強力に

　それでは、この利用者の想いを言葉に換えることは、私たちにとってどのような意味があるのでしょうか。私は、3つあると考えています。

　1つ目は、あなたの発する言葉に、深みと重みを与えることが可能となります。つまり、発する言葉が強力になるということです。形にならない、言葉にならない想いを、あえて言葉に換えていく過程は、あなたと利用者の心のキャッチボールを促し、それによって、想いを乗せた強力な言葉を紡いでいきます。これを続けていくことで、あなたの言葉はいつしか想いを乗せた強力なものとなります。

　2つ目は、語彙、つまり言葉のバリエーションが広がります。利用者の心模様を表現するので、多様で多彩な言葉を連ねることが求められます。想いは感情で、形になっていない場合もあります。形のないものを形に換えることは、見えるようになること、わかるようになることを表します。言葉に換えるこの言語化のトレーニングが、あなたの語彙を広げ、多様な言葉をもつ存在として、事業所にも地域にも認識されることとなるのです。

　3つ目は、スーパーバイザーへの近道となるということです。スーパー

バイジーに向けた多様な言葉をもつ存在になることは、スーパーバイザーへの近道です。スーパーバイザーは、スーパーバイジーとの対話のなかで、言葉を交換していきます。言葉の交換は感情の交換でもあり、ある意味ではエネルギーの交換ともいえます。あなたのもつ多様な言葉、語彙の豊かさは、相手のもつ言葉を引き出す力をもっています。あなたがもつ語彙の多様性は、多様な質問をスーパーバイジーに投げかけることを可能とします。スーパーバイジーは、頭の中の言葉とまだ形になっていない心の中の言葉を巡らせながら、自身の中にある「形になっていない言葉」に気がつき、形に換えて表に出すことができるようになるのです。

これを、対人援助を積み重ねてきたあなたの「存在」がそうさせます。つまり、あなたは、「あなたの存在で語る」ことができるようになるということです。そうなった時に、誰もが、地域になくてはならない存在として、あなたを求めることとなるでしょう。

ここまで、アウトプットについて見てきました。あなたのアウトプットのイメージはどのようなものでしょうか。知っていることを誰かに伝えるなど、自らが表に出すことで、自身の学びを促進させるイメージだったかもしれません。しかし、対人援助職は、援助に「言葉」を使います。援助の力量を上げることは、この言葉をみがくことでもあります。ここにこそ、アウトプットの意味があるのです。

相手の想いを言葉に換えて、今と未来を紡ぐことは、私たちの存在そのものに直結しているといえます。

⑥ 何を行い、何を行わなかったかで真価が問われる

以上、対人援助職としてのベースとなる項目について見てきました。これらはベースであり、習得することで長きにわたり活用できます。また、すべての業務の基盤となり、あなたの中核になります。

ただ、これらは、本書を読むだけで習得できるものではなく、行動することで習得できるものです。行動が伴うことで、あなたのなかで一生ものになっていくのです。

　時には、失敗も伴います。それでよいのです。私もこれまで数多くの失敗をしてきました。相手を怒らせてしまったこともありますし、自暴自棄になって感謝の気持ちが形成できず、なんだか仕事がうまく回らない時期もありました。そんなときは、いつも孤独を感じていたものです。しかし、この時期の振り返りが、自身の力量をアップさせる要因になったことは間違いありません。

　行動は大切です。相手の想いを言葉に換えることは、相手との対話がないと難しいことです。ここに、行動が伴います。何を行い、何を行わなかったかで、私たちの真価が問われるのです。

　私たちは、存在で語り、行動で表現するものとして、事業所や地域社会に在り続けることが大切です。同じ対人援助職として、今も、これからも、私はあなたを応援し続けたいと思います。

コラム 9

専門職に回帰する

🍎 内側から輝く光――専門職という輝き

いよいよコラムも最後です。改めて、見つめ直したい3つのことをお伝えします。

1つ目は、私たちは専門職であるということです。ここに、原点回帰します。何故に対人援助職であろうとしているのか。何を目指すのか。この足元を見つめます。

2つ目は、職場の仲間への尊敬です。自分の周りを見つめます。支え合える仲間がいることへの感謝と、自分にはない仲間のもつ力への尊敬は、あなたをより豊かにさせてくれるでしょう。

3つ目は、自分自身の内側にある輝きを見つめます。疲弊している場合には、時にオフを充実させながら、自身の内側の輝きが眩しくなるようにみがきます。

対人援助職が必要とされる真髄は、この「輝き」にあるのかもしれません。あなたは、専門職という光をもっています。対人援助職として仕事をするとき、時に出口の見えない援助にもがき苦しんだり、プレッシャーに押し潰されそうになったり、そこで、自身の技術等をみがき続ける努力を要したりすることもあります。

結果的に、どの行為にも真摯に向き合うことが、自身の人生の輝きにつながります。

🍎 プレッシャーがダイヤモンドを創る

援助の対象となる人や、住民活動を頑張っている人の多くは、あなたの元気を求めています。ですから、疲れたときはきっちり休んで疲労回復を図り、プライベートを思いきり楽しんでリフレッシュすることも大切なことです。人を輝かせ、自らも輝くことができる。対人援助職としての輝きは、紡がれていきます。

長い年月を経てダイヤモンドは輝きを深化させます。時に、地面の圧力も必要で、プレッシャーがダイヤモンドを創るとも言われています。

就任当初は輝きを見出せずにいるかもしれませんが、長い目で見て対人援助職として価値・知識・技術を切磋琢磨することで、あなた自身がダイヤモンドの輝きをもつ存在になれると私は信じています。

あなたのご健闘を願っています。

おわりに

　本書にここまでお付き合いいただき、誠にありがとうございました。

　読み終えて、あなたの心に、ぬくもりや希望の灯りが灯っていれば、大変嬉しく思います。

　人が人を支援する。それは大変尊いことだと思います。本書の中でも、そのことを繰り返しお伝えしてきました。私たちの取り組みの意味は、ここにあると思っています。

　しかし、一方で、人を支えることは、大変なことでもあります。時に心が痛くなるような、あるいは心がひどく傷つくようなこともあります。

　今、私たちは、少子高齢化の地域包括ケア時代に生き、もてる力をもって、成すべきことを成すために、日々苦闘しています。今の世の中は、新型コロナウイルス感染症の蔓延などに伴い、人々は従来の結びつきを失い、ある意味では、混迷の時代にあるとも言えます。それゆえに、今も、これからも、支援を求める人々との出会いは繰り返されていくでしょう。そして、これらの出会いの繰り返しこそが、私たち自身を強く在ることができるよう導いてくれるものだと信じています。これは、言わば、私たちが歩む人生の意味を示していると言っても過言ではないでしょう。だからこそ、私たちには、それに気がつく心が大切だと思います。

　時代のスピードに、私たちは流されてしまいがちです。また、日常に溶け込んでしまった人生の意味を見つけることは容易ではありません。そこには、見ようとする力が必要とされます。人生の意味を見つけること、本書がその一助になれば嬉しく思います。

　本書を手に取っていただき、本当にありがとうございました。最後まで読んでいただき、ありがとうございました。本書は、永きにわたり、たくさんの人の手を借りて、この世に生まれました。

本書を大切にしていただき感謝申し上げます。

あなたの日々が輝きのあるものとなりますように。

2024 年 8 月

荒木　篤

著者紹介

荒木　篤 (あらき・あつし)

1988年日本福祉大学社会福祉学部卒業、2009年日本福祉大学大学院医療・福祉マネジメント専攻修士課程修了。社会福祉法人笠松町社会福祉協議会福祉活動専門員、笠松町総合在宅介護支援センターセンター長を経て、現在、笠松町地域包括支援センターセンター長兼主任介護支援専門員として勤務。特定非営利活動法人岐阜県居宅介護支援事業協議会理事。介護支援専門員の実務研修・現任研修の講師をはじめ、社会福祉士や介護支援専門員の受験対策講座の講師も務めるなどさまざまな場で活躍している。

著書に、『がん患者のケアマネジメント 在宅ターミナルをささえる7つのフェーズ・21の実践』（共著、中央法規出版、2015年）などがある。

対人援助職の力量を高める
11 のスキル

2024 年 9 月 10 日　発行

著　者　　荒木 篤
発行者　　荘村明彦
発行所　　中央法規出版株式会社
　　　　　〒 110-0016　東京都台東区台東 3-29-1　中央法規ビル
　　　　　TEL 03-6387-3196
　　　　　https://www.chuohoki.co.jp/
印刷・製本　　　　株式会社アルキャスト
本文・装幀デザイン　　北田英梨（株式会社ジャパンマテリアル）
本文イラスト　　　小牧良次（イオジン）

定価はカバーに表示してあります。
ISBN978-4-8243-0120-8

本書のコピー、スキャン、デジタル化等の無断複製は、著作権法上での
例外を除き禁じられています。また、本書を代行業者等の第三者に依頼
してコピー、スキャン、デジタル化することは、たとえ個人や家庭内
での利用であっても著作権法違反です。

落丁本・乱丁本はお取り替えいたします。

本書の内容に関するご質問については、下記 URL から「お問い合わせ
フォーム」にご入力いただきますようお願いいたします。
https://www.chuohoki.co.jp/contact/

A120